집에서 바로 쓰는 ✓ 내 아이 AI학습 루틴

AI가 성적을 바꾼다

김선수, 권선구, 정진용 지음

"AI 시대, 아이와 부모가 함께 배우고 성장하는 법"
학습·진로·관계까지 변화하는 교육 환경에 맞춘 현실적인 성장 전략

에듀니티 LAB
EDU-TECH for Social Impact Creation

집에서 바로 쓰는 내 아이 AI학습 루틴
AI가 성적을 바꾼다

초판 1쇄 발행_ 2025년 10월 27일

지은이 김선수, 권선구, 정진용

발행인 이기택
편집인 임종훈
관 리 한종선

디자인 인투
출력/인쇄 정우P&P

발행처 (주)에듀니티랩
출판등록 2017년 10월 26일   제2024-000056호
주소 서울시 강남구 테헤란로21길 25, 2층
주문/문의전화 02-6204-0053 **팩스** 02-6008-1009

정 가 18,000원
ISBN 979-11-968672-3-2 03370

이 책은 저작권법에 따라 보호받는 저작물이므로 무단 전재와 무단 복제를 금지하며,
이 책 내용의 전부 또는 일부를 이용하려면 반드시 저작권자와 ㈜에듀니티랩의 서면
동의를 받아야 합니다.

집에서 바로 쓰는 내 아이 ✓ AI학습 루틴

AI가 성적을 바꾼다

프롤로그

질문이 중요하다는 말, 여전히 유효한가요?

2010년 11월 G20 서울 정상회의 폐막식에서 버락 오바마 미국 대통령은 연설을 마치며 한국 기자들에게 질문 기회를 주겠다고 말했습니다. "한국 기자 여러분, 훌륭한 개최국이셨으니 질문하시겠습니까?"라는 제안이 두 차례 반복됐지만 회견장은 정적에 잠겼습니다. 잠시 뒤 손을 든 사람은 중국 기자였습니다. "제가 아시아를 대표해 질문해도 될까요?"라는 말에 회견장은 웃음으로 가득 찼지만, 그 순간 우리는 스스로 던져야 할 질문을 놓치고 있음을 깨달았습니다. 이 사건은 우리 교육이 '질문'의 가치를 새롭게 자각하는 계기가 되었습니다.

그로부터 10여 년, 학교와 가정은 질문을 장려하는 공간으로 바뀌었습니다. 교사와 부모는 아이들에게 끊임없이 "왜?"를 묻고, 아이들은 스스럼없이 질문하며 답을 찾아갑니다. 생성형 AI가 일상에 스며들자 질문은 '프롬프트'라는 이름으로 확장되었습니다. 아이들이 AI에게 지시·질문·탐색을 반복하는 동안, 우리는 또 다른 문제와 마주했습니다. 모두가 질문하지만, 아무도 결정하지 않는 현실입니다. 답변 다음 단계인 '선택'과 '실행'이 공백으로 남아 있을 때, 질문은 더 이상 성장을 이끄는 엔진이 되지 못합니다.

AI가 일상으로 들어오면서 부모에게도 결단의 순간이 빈번해졌습니다. 더 빠르게, 더 많이 결정해야 하는데, 정보는 폭발적으로 늘어나고 의견은 제각각입니다. 수많은 답변 앞에서 어떤 선택이 '우리 아이'에게 최선인지 판단하기란 여전히 버겁습니다. 그 갈림길에서 우리는 다시 질문했습니다. "우리는 아이에게 '질문'의 다음 단계인 '결정'을 어떻게 가르칠 것인가?"

해답을 찾기 위해 서로 다른 현장의 전문가들이 모였습니다. 20년 넘게 혁신을 이끌어 온 기업 전문가, 프로젝트 기반 수업으로 학생들의 성장을 설계해 온 교육 전문가, 그리고 20년 동안 청소년의 진로와 마음을 안내해 온 심리 상담 전문가가 한자리에 모였습니다. 출발점은 달랐지만 목표는 같았습니다. AI 시대, 부모와 아이가 함께 결정할 수 있는 힘을 찾아내는 일이었습니다. 직장과 교실, 상담실에서 모은 수천 개의 사례를 맞춰 보니 한 줄기 공통된 메시지가 떠올랐습니다. 통제보다 탐험, 지식보다 질문, 그리고 질문 다음에는 반드시 '결정'이 뒤따라야 한다는 사실입니다.

부모는 아이의 삶을 대신 설계하는 건축가가 아니라 항해 중인 아이 곁에서 나침반을 확인해 주는 동행 코치가 되어야 합니다. 질문은 지도이고, 결정은 항로이며, 실패는 항해 기록입니다. 질문 · 결정 · 실패 · 재질문의 순환이야말로 AI 시대에 가장 강력한 학습 엔진임을 우리는 확인했습니다. 아이가 화면 속 AI에게 "왜?"를 던질 때, 부모는 그 물음 뒤의 호기심과 가치를 함께 탐험하고, 최종 결정을 스스로 내리도록 옆에서 돕는 동반자가 되어야 합니다.

이 책은 그 학습 엔진을 가정에서 바로 가동할 수 있도록 네 개의 장으로 구성했습니다. '학습, 부모의 역할, 진로, 관계' 각 장마다 세 전문가의 관점이 교차하며 오늘부터 실천할 수 있는 구체적 가이드와 살아 있는 사례를 제시합니다. 더불어 AI 원데이 클래스, 미래 교육의 방향, 자기 이해와 학습 전략, 창직 시대 스타트업 이야기를 담은 인사이트 코너를 통해 시야를 확장했습니다.

이제 첫 장을 넘기는 순간부터 우리 모두는 같은 항해에 오릅니다. 완벽한 지도는 없지만 질문과 탐험이 이끄는 나침반은 분명합니다. 때로는 파도가 거세고 시야가 흐려도 질문은 우리를 다음 좌표로 안내할 것입니다. 이 책이 당신 가족의 첫 질문이자 든든한 길동무가 되길 소망합니다. 아이와 함께 던진 작은 "왜?"가 새로운 프로젝트로 피어나고, 그 프로젝트가 가족의 성장을 기록하는 항해록이 되기를 바랍니다.

"이 책에 대한 극찬"

인공지능 시대가 성큼 다가온 지금, 우리는 전례 없는 변화 앞에 서 있습니다. 젊은 세대와 아이들은 전혀 다른 도전에 직면하고 있으며, 특히 교육의 급격한 변화는 예측조차 어렵습니다.

이 책은 그러한 상황 속에서 방향을 제시하는 나침반이 됩니다. 단순히 '피할 수 없다면 즐기라'는 태도를 넘어, 인공지능을 현명하게 활용하고 주도적으로 다루는 길을 알려줍니다. 무엇보다 부모를 통해 이러한 통찰과 지침이 아이들에게 전해질 수 있다는 점이 빛납니다. 많은 가정에서 이 책이 읽히고 공유되어, 다음 세대가 인공지능 시대를 지혜롭게 헤쳐 나가길 기대합니다.

이민석(국민대학교 교수)

AI 시대, 더 이상 질문만으로는 충분하지 않다(성장의 엔진을 '결정'에서 재점화할 때)

AI라는 강력한 엔진을 아이들 손에 쥐여주었지만, 정작 우리는 운전하는 법을 가르치지 않았습니다. 이 책은 AI 시대의 교육이 '정답 찾기'에서 '질문 설계'로, 나아가 '결정하고 책임지는' 과정으로 진화해야 하는 이유를 명쾌하게 보여줍니다. 부모와 우리 어른들이 꼰대가 아닌, '질문·결정·실패·재질문'의 순환이라는 가장 강력한 학습 엔진을 아이들과 함께 탐험하는 동반자로 거듭나게 하는 법을 날카롭게 포착하는 이 책은 가장 실용적인 안내서입니다.

임성희(대한민국 미네르바 스쿨 초대 지부장)

이 책은 AI 문해력을 단순한 기술 습득을 넘어 지식 창조와 문제 해결의 역량으로 확장합니다. 정확성을 분별하는 힘, 올바른 판단력, 그리고 윤리적 성찰까지 부모가 아이와 함께 길러갈 길을 제시합니다. 격변의 시대, 주체적이고 책임 있는 AI 사용자로 성장하도록 이끄는 귀중한 지침서로 추천합니다.

김민정(메사추세츠 주립대학 교육대학 교수)

AI 시대에 아이들의 학습과 진로를 고민하는 부모와 교사들에게 이 책은 꼭 필요한 길잡이가 될 것입니다. 아이들의 성장 과정에서 능력 개발은 단순한 성취를 넘어 자아실현으로 나아가는 핵심 단계입니다. 그러나 능력 개발의 출발점은 언제나 자기이해입니다.

자신의 성격을 이해하고, 그에 맞는 학습 방식과 진로 방향을 찾아갈 때 아이들은 비로소 학습동기를 갖게 됩니다. 이 책은 바로 그 자기이해의 중요성을 바탕으로, AI를 도구로 활용해 아이들의 가능성을 극대화할 수 있는 방법을 제시합니다. 특히, 학습동기가 있는 아이들은 이 책에서 제시한 방향을 따라 AI를 올바르게 활용하며, 자신의 능력을 개발하고 미래를 주도하는 주체로 성장할 수 있을 것입니다. 『AI가 성적을 바꾼다』는 자녀 교육에 있어 부모와 교사가 함께 고민할 수 있는 실질적인 통찰을 담은 책으로, 아이들의 학습과 진로 탐색에 큰 도움이 될 것이라 확신합니다.

김만권(現.연우심리개발원 대표, 前.연세대학교 심리학과 교수)

'집에서 바로 쓰는 AI학습 루틴, AI가 성적을 바꾼다'는 AI 시대에도 변하지 않는 가족의 소통과 정서적 연결의 중요성을 일깨워줍니다. 상담사로서, 이 책이 제시하는 가족 프로젝트와 대화법이 많은 가정에 따뜻한 변화를 가져다줄 것이라 믿습니다.

서은숙(SES심리교육연구소 대표)

아이를 키우는 부모로서 AI를 어떻게 교육에 활용해야 할지 늘 고민이 됩니다. 이 책은 그런 고민에 따뜻하게 답해주며, 자녀 교육에 AI를 현명하게 쓸 수 있는 길을 보여줍니다

박성일(Ernst & Young, Tax Manager, CPA)

학생들을 오랫동안 가까이에서 지켜보며, 배움의 환경이 얼마나 빠르게 바뀌고 있는지 체감해 왔습니다. 이 책은 단순한 기술 안내서를 넘어, 부모가 아이의 성장을 어떻게 함께 설계할 수 있을지 깊이 있는 길을 제시합니다.

서원형(충남대학교병원 교수)

이 책의 미덕은 실행입니다. 프롬프트보다 중요한 검토 – 수정 – 기록의 루틴을 가족이 함께 배우게 합니다. 성적, 진로, 관계를 한 달력 안에서 관리해 보고 싶은 부모에게 큰 도움이 됩니다.

여현덕(KAIST G-School 원장 및 기술경영대학원 교수)

국제무대에서 일하다 보면, 소통과 협업, 그리고 새로운 기술에 대한 이해가 점점 더 중요해짐을 느낍니다. 이 책은 AI 시대에 필요한 자기주도성과 글로벌 감각을 키우는 데 큰 도움이 됩니다. 자녀 교육뿐 아니라, 글로벌 환경에서 일하는 모든 분께 권하고 싶습니다.

박성진(주한독일대사관 선임행정관)

인공지능 기술이 눈부시게 발전하는 오늘날, 우리는 무엇을 배워야 할지, 어떻게 가르쳐야 할지, 그리고 앞으로의 직업 세계가 어떻게 달라질지 예측하기 어려운 시대를 살아가고 있습니다. 이러한 불확실성과 급격한 변화 속에서 가장 큰 혼란을 겪는 이는 다름 아닌 부모님일지도 모릅니다. 자녀들이 AI가 일상화된 세상에서 잘 적응하고 주체적으로 살아가기를 바라면서도, 어떻게 이끌어 주어야 할지 막막함을 느끼는 순간이 많기 때문입니다. AI 세상에서 자녀들이 주체적으로 성장하기 위해 부모는 삶을 설계해주는 건축가가 아니라, 그들 스스로 묻고 생각할 수 있도록 이끄는 동행 코치가 되어야 합니다. 이 책은 그 길에서 부모님께 힘이 되어 줄 든든한 나침반이 될 것입니다.

김승일(모두의 연구소 대표)

이 책은 기술 설명보다 사람과 일상을 먼저 봅니다. 부모와 아이가 나란히 목표를 세우고 결과를 점검하는 루틴이 성장을 이끌수 있는 변화로, 삶의 역량으로 이어지도록 잘 설명되어 있습니다.

정진원(Microsoft 매니저)

이 책은 '하지 마'가 아니라 '함께 해보자'를 제안합니다. 집에서 바로 가능한 루틴이 아이의 자기효능감을 키우고, 부모의 걱정을 희망으로 바꿉니다. 작은 성공이 쌓이면 성적도, 관계도 달라집니다.

황상원(한국청소년육성회 부총재, 리드힐병원장)

세상에 AI 전문가도, 교육 전문가도 많지만 실제 현장에서 아이들과 AI를 어떻게 활용해야 할지 제안하는 책은 드뭅니다. 바로 이 책, 〈AI가 성적을 바꾼다〉는 부모와 선생님에게 "너도 해낼 수 있어"라는 용기를 불어넣습니다. 혼란스러운 부모와 선생님에게 든든한 길잡이가 되어 줄 것입니다.

강정욱(성과관리 스타트업 레몬베이스, Head of People and culture)

AI가 아이들의 성적을 바꾸는 것이 아니라, 아이들의 '성장'을 바꾼다는 이 책의 메시지를 저는 전적으로 공감합니다. 창작과 교육을 넘나드는 AI의 진정한 힘을 알고 싶은 모든 분께 이 책을 자신 있게 추천합니다.

이호영(툰스퀘어 대표)

지금 아이에게 지금 물려줘야 하는 건 AI를 활용하는 능력과 태도다. 이 책을 읽으면 아이에게 물려 줄 새로운 AI 유산에 대해 알게 된다. 아이의 미래를 진심으로 고민하는 부모들에게 적극 추천한다.

송미영(디지털 헬스케어 스타트업 두부, Head of People & Culture)

목차

프롤로그 · 5
이 책에 대한 극찬 · 8

01 아이는 어떻게 공부해야 할까요?

AI와 같이 공부하면 진짜 성적이 오를까요? · · · · · · · · · · · · · · · 18
아이에게 AI는 언제부터 사용하도록 해야 해요? · · · · · · · · · · · 26
AI로 공부하는데 학교는 꼭 보내야 하나요? · · · · · · · · · · · · · · · 35
옛날 방식대로 하는 공부는 이제 안 해도 되는 걸까요? · · · · · · 42
이러다 우리 아이가 AI 활용 기술이 뒤처지는 건 아닐까요? · · · · 50

> **인사이트 1** 불확실성 서핑 가이드 -
> 역량으로 미래를 설계하다 · · · · · · · · · · · · · · · · 58

02 부모는 도대체 어떻게 해야 할까요?

부모도 AI를 쓸 줄 알아야 하나요? · 70
AI와 함께 자라는 아이에게는 무엇이 필요한가요? · · · · · · · · · 78
AI 시대 부모는 아이에게 무엇을 해줘야 하나요? · · · · · · · · · · · 87
아이가 저보다 AI를 더 잘 활용하는데 부모의 역할은 줄어들까요? · · · 97
아이가 스스로 결정할 때 부모는 얼마나 개입해야 해요? · · · · · · · · 105

> **인사이트 2** 부모를 위한 AI 원데이 클래스 -
> AI에 대해 알고 싶다 · 113

03 아이는 미래를 어떻게 준비해야 할까요?

아이가 좋아하는 일이 AI로 인해 사라지는 직업이면 어떻게 하죠? ··· 124
요즘은 전공보다 포트폴리오가 중요하다는데 정말 그런가요? ······ 132
AI 관련 직업이 유망하다는데 그쪽으로 유도해야 할까요? ········ 140
앞으로 직업에서는 어떤 능력이 가장 중요한가요? ················ 150
진로 준비는 어디서부터 시작해야 하나요? ······················· 158

인사이트 3 내 아이를 알 때, 배움의 문이 열립니다 ············ 167

04 아이와의 관계를 부모는 어떻게 해야 할까요?

아이가 AI와 친구처럼 지내는데 괜찮은 걸까요? ·················· 180
아이가 부모보다 AI를 더 믿는데 어떻게 해야 할까요? ············ 189
아이가 AI에게 속마음을 털어놓는데 그냥 둬도 될까요? ··········· 198
아이와 대화를 할 때 디지털 기기를 이용하는 게 도움이 될까요? ··· 208
AI 활용 시간이나 방법을 부모가 어디까지 관리해야 할까요? ······ 218

인사이트 4 우리 집에 하버드 박사가 있다면 ················· 228

에필로그 ··· 234

01

아이는 어떻게 공부해야 할까요?

AI와 같이 공부하면 진짜 성적이 오를까요?

AI가 즉시 답을 보여주는 시대, 성적을 올리는 힘은 얼마나 빨리 하느냐가 아니라 어떻게 주도권을 유지하느냐에 달려 있습니다. 기초 개념을 내 것으로 만들고 AI 피드백으로 약점을 점검하며 스스로 학습 루틴을 설계할 때 숫자는 자연스럽게 따라오게 됩니다. AI는 고속열차와 같습니다. 하지만 선로는 아이가 깔아야 합니다. 부모가 해야 할 일은 튜터가 아니라 선로 검사관입니다. 기준을 확인하고 기다려 주는 동반자입니다.

즉시 피드백이 여는 맞춤 학습 회로

성적은 결국 내가 무엇을 알고 무엇을 모르는지를 점검하는 지표입니다. 시험지 숫자보다 중요한 것은 틀린 이유를 정확히 짚어

내고 그 결핍을 채우는 과정이기 때문입니다. 이때 AI는 즉각적 진단기가 될 수 있습니다. 듀오링고의 AI 엔진 버드브레인은 학습자의 오답 패턴을 실시간으로 분석합니다. 그리고 다음 문제의 난이도와 주제를 조정합니다. 예를 들어 현재형과 과거형을 혼동하면 곧바로 동사 활용만 모아 복습함으로써 어디가 약한지를 깨닫게 만듭니다.

결국 효율을 가르는 분기점은 개인화입니다. 상위권 학생의 상당수는 이미 자신에게 맞는 루틴을 구축해 두었습니다. 아침, 점심, 저녁마다 과목을 중점으로 공부하고, 복습 주기를 2일, 7일, 30일 등으로 나누어둡니다. 반대로 중위권 이하 학생들은 교사, 과외, 유튜브 크리에이터가 권하는 방식을 그대로 복제합니다. AI 튜터가 주목받는 이유가 여기에 있습니다. AI는 학습 로그, 오답 유형, 지연 시간과 같은 미세 데이터를 수집하고 분석합니다. 그리고 '당신에게 지금 필요한 개념은 함수의 증가, 감소입니다'라 명료하게 접근합니다. 또 학습 선호도를 분석해 영상 설명, 단계별 문제, 게임형 퀴즈 등 다양한 레이아웃을 즉시 변환합니다. 그래서 같은 1시간이라도 체감 효율이 2배 이상 뛰게 됩니다.

전문적인 AI 기반 학습 시스템은 학습자의 수준과 이해도를 실시간으로 분석해 최적화된 문제를 제시하고 즉각적인 피드백을 제공합니다. 이는 틀린 문제를 반복해서 연습하거나 개념을 잡는 데 탁월한 효과를 줍니다. 특히 부족한 부분을 놓치지 않고 정확하게 짚어주기 때문에 학습자가 어느 부분이 부족한지를 스스로 인식하고 보완할 수 있습니다. 이는 학습의 정확도와 속도를 함께 향상시키는 기반이 됩니다. 또한 AI 기반 학습 시스템은 학습 로드맵을 제시하고 스스로 학습을 관리할 수 있도록 도와줄 수 있습니다. 많은 학생들이 공부를 시작할 때 막상 어디서부터 시작해야 할지, 어떻게 복습하고 정리해야 할지를 몰라 막막함을 느낍니다. AI는 요약 정리, 퀴즈 생성, 예상 문제 제시 등 다양한 기능으로 학습 방향을 잡아 줄 수 있습니다. 이를 통해 학습자는 능동적으로 학습을 설계하고 점검하는 구조를 경험하게 됩니다.

이런 결과가 가져오는 효과는 분명했습니다. 즉시 피드백 구조는 시험 대비 과정에서 효율을 크게 높였습니다. 듀오링고 실험 결과 난이도를 실시간으로 조절하는 적응형 레슨은 고정형 레슨보다 정확도가 12% 이상 상승했습니다.

기초, 루틴, 동기가 성적을 만듭니다.

그렇다고 AI를 켠 순간 자동으로 성적이 뛴다고 생각하면 위험합니다. AI가 제시하는 맞춤 과제의 전제조건은 기초 개념의 숙지입니다. OECD Learning Compass 2030은 미래 역량의 토대를 문해력, 수리력, 디지털 소양, 건강, 사회·정서 역량의 다섯 축으로 정의합니다. 문해력이 낮으면 AI가 제공하는 해설을 읽어도 핵심어를 놓칩니다. 수리력이 부족하면 어려운 풀이과정을 통째로 암기하려다가 금세 포기하게 됩니다. AI는 고속열차와 같습니다. 하지만 선로는 사람이 깔아야 합니다. 선로가 휘어 있으면 열차는 오히려 탈선하게 됩니다.

따라서 첫 단계는 기초를 암기가 아닌 활용 기반으로 재정비하는 일입니다. 예를 들어 개념을 읽은 뒤에 AI에게 '중학교 1학년 수준으로 다시 설명해줘'라고 요청하거나 '이 공식이 실생활에 쓰이는 예를 3가지 알려줘'라고 지시해봅니다. 그리고 스스로 한 줄 요약을 작성하고 AI에게 '내 요약에서 부족한 점이 뭐야?'라고 물어봅니다. 이렇게 수정과 보완을 반복하는 과정을 거치다 보면 기초를 다질 수 있습니다. 이어서 AI가 추천하는 단계형 문제를 풀어보고 풀이 과정마다 '내 풀이과정이 어디에서 비약했는지'를 검토 받으면 메타인지가 크게 강화될 수 있습니다. 이 과정의 반복 속에서 지식은 점으로 흩어지지 않고 선과 면을 이루며 응용력으로 변환합니다.

AI는 아이에게 언제 어디서든 함께 공부해주는 든든한 조력자가 될 수 있습니다. 하지만 성적은 AI가 대신 올려주지 않습니다. 학습에서 성장은 스스로 생각하고 실수하며 배워가는 과정에서 일어납니다. 그리고 AI는 학습의 방향을 잡고 동기를 주는 훌륭한 도구입니다. 그러나 그 도구를 어떻게 사용하느냐가 학습의 효과를 결정 짓습니다. 듀오링고의 경우 게이미피케이션 장치로 동기를 끌어올렸습니다. 경험치, 스티커, 리그 경쟁 등의 요소는 사용자로 하여금 7일 재방문율을 12%에서 55%까지 향상시켰습니다. 하지만 학습의 주도권은 자신이 갖고 있어야 합니다. AI에게 학습의 주도권을 넘겨주면 빠르게 결과는 얻을 수 있지만 자신의 학습 능력은 오히려 퇴보하게 됩니다. 자신이 학습 주도권을 갖고 나의 학습에 필요한 요소만큼 AI를 사용해야 합니다. 복잡한 데이터 분석은 AI가 수행하더라도 그 분석 결과가 어떤 의미를 가지는지는 스스로 생각해야 합니다. 다양한 분쟁의 사례를 탐색하고 정리하는 것은 AI가 수행하더라도 그것이 국제 평화에 미치는 영향은 스스로 설명해야 합니다. 자신의 학습 과정을 돌아보며 어떤 지점에서 AI를 활용하고, 어떤 과정은 스스로 할 것인지를 판단하고 실행하는 메타인지가 무엇보다 중요한 능력입니다.

도구를 넘어 주체성으로

결국 AI를 활용한 학습의 성적 향상에 대한 질문은 '학습의 주체성이 누구에게 있는가'로 이어집니다. 성적은 단순한 정보 습득이 아니라 이해와 적용의 결과이기 때문입니다. AI는 정보를 제공하거나 문제 풀이를 도와주는 조력자가 될 수 있지만, 학습의 방향을 설정하고 사고를 확장하는 일은 여전히 학습자 본인의 몫입니다. 플립러닝처럼 학습자 중심의 접근이 효과적인 이유는 배우는 사람이 스스로 학습에 대해 책임을 지고 이어가기 때문입니다. AI는 이러한 자기 주도적 학습을 더욱 효과적으로 도울 수 있는 강력한 도구입니다. 다만 그 도구에 의존하기보다 활용하는 태도가 중요합니다. 결국 성적은 얼마나 'AI를 많이 쓰느냐'보다 'AI를 어떻게 쓰느냐'에 달려 있습니다.

듀오링고의 공동 창업자인 루이스 폰 안은 AI가 교실을 대체하더라도 인간 교사는 멘토와 공감의 역할을 맡게 될 것이라며 기술과 인간의 균형을 강조했습니다. 시험 점수는 '앎'과 '모름'을 확인하는 출발선이며 AI는 그 과정을 가속화하는 촉매제이고 비즈니스 툴은 조직의 시간을 넓혀주는 확대경과 같습니다. 이들의 목표는 동일합니다. 숫자를 넘어 사람과 전략을 성장시키는 것입니다.

전통적인 학습은 교사 중심의 학습이었습니다. 학습자는 수동적인 위치에 머물렀고 그로 인해 학습 효율이 낮았습니다. 우리나라에 거꾸로 교실로 소개된 플립러닝은 디딤 영상을 학습의 마중물로 삼았습니다. 기본 지식을 사전에 스스로 학습하고 수업에서는 친구들과 함께 주도적으로 학습함으로써 학습 효율을 높일 수 있게 되었습니다. 디딤영상 자체가 학습에 도움이 되었다기보다 수업이나 개인 학습에서 주도적으로 학습할 수 있는 기본 능력을 갖추는 과정에 도움을 주었습니다. 이제 학생들은 수업을 전후해서 개인 학습 과정에서 AI를 활용할 수 있습니다. 궁금한 것을 해결하며 학습의 어려운 허들을 넘는 것입니다. 가장 유명한 플립러닝 시스템인 칸아카데미를 운영해 온 살만 칸도 OpenAI와 협력해 인공지능 칸미고를 도입하고 있습니다. 칸 아카데미는 이 실험을 통해 AI를 학습에 활용할 때 얼마나 효과적인 학습이 가능한지를 증명하고 있습니다. 이제 많은 교육 장면에서 학습 과정에 AI를 적극적으로 활용하는 방식을 볼 수 있습니다.

오늘부터 한 단원씩 요약, 질문, 적용, 피드백이라는 4단계를 AI와 함께 돌려보기 바랍니다. 주말에는 AI로 모의고사를 생성하고 스스로 채점한 뒤 약점 공략 문제 세트를 다시 생성하는 식으로 학습 회로를 운영합니다. 이렇게 하면 공부 시간은 오히려 단축되며 남는 시간은 휴식과 운동으로 돌려 다음 사이클의 에너지를 확보합니다. AI는 촉매일 뿐입니다. 촉매가 빛을 내려면 반응 물질, 즉 학생의 호기심, 꾸준함, 건강이 먼저 준비되어 있어야 합니다. 부모가 도울 일은 아이가 AI 주도형이 아닌 AI 활용형 학습자로서 도록 기초와 생활 리듬을 단단히 잡아주는 것입니다.

AI는 무한한 자료를 제공하고 언제든 질문에 답을 해주는 디지털 튜터가 될 수 있습니다. 하지만 학습은 스스로 생각하고 틀리면서 배우는 과정입니다. AI가 대신 생각해주거나 문제를 풀어주면 학습자는 스스로 생각하고 판단하는 경험과 성장을 놓치게 됩니다. AI 사용 여부보다 사용 방식이 성과를 가른다는 사실을 기억해 주시기 바랍니다. 실력을 쌓고 성적을 올리는 진짜 힘은 AI의 도움을 바탕으로 스스로 문제를 해결하려는 태도에서 나옵니다.

오늘부터 할 수 있는 세 가지

4Step AI 루틴 카드

한 단원을 요약, 질문, 적용, 피드백 순서로 AI와 함께 공부해 봅니다. 그리고 그 결과를 학습 노트에 기록합니다.

20분 자기 해결 타이머

모르는 문제를 AI에게 묻기 전에 20분 동안 스스로 풀이와 자료를 탐색해 봅니다. 그리고 AI와 정답과 풀이 과정을 비교합니다.

주간 학습 로그 및 칭찬 회의

AI 분석 리포트를 주 1회 가족과 함께 검토해 봅니다. 그리고 노력과 성취 지표를 서로 칭찬합니다.

아이에게 AI는 언제부터
사용하도록 해야 해요?

AI는 언제부터 써야 할까?라는 물음은 이미 늦었습니다. 거실 TV 자막부터 유튜브 추천까지 아이들은 매 순간 알고리즘과 대화합니다. 관건은 '얼마나 일찍'이 아니라 '얼마나 의식적으로' 쓰느냐입니다. 파에톤이 마차를 통제하지 못해 추락했던 것처럼 목적과 질문 없이 쓰는 기술은 사고력을 마비시킬 뿐입니다. 생활 속 숨은 AI를 해부하고 사람이 다시 판단·가공하는 루틴을 가질 때 AI는 엘리베이터가 아니라 계단을 함께 설계해 주는 든든한 동반자가 됩니다.

무의식 노출에서 의식적 활용으로

AI가 우리 일상에 이미 깊숙이 파고들어 있다는 사실을 인식하는 것부터 시작해야 합니다. 거실 TV의 자동 자막, 스마트 스피커의 음악 추천, 태블릿의 얼굴 인식 잠금 해제까지 아이들은 알게 모르게 AI와 매 순간 대화하고 있습니다. 예를 들어 유튜브 다음 영상 버튼을 누르는 행동도 추천 알고리즘과의 상호작용입니다. 밤마다 스마트 스피커에게 "잠자리 동화 들려줘"라고 말하는 초등학생의 모습은 음성 인식, 자연어 처리, 콘텐츠 추천이 동시에 작동하는 광경입니다.

즉 "AI를 언제부터 사용해야 하나요?"라는 질문은 이미 늦은 셈입니다. 이제는 무의식적으로 쓰고 있는 AI를 어떻게 의식적인 학습 소재로 전환할 것인가가 핵심 과제이기 때문입니다.

세계경제포럼(WEF)의 56 DELTAs는 급변하는 노동 시장에 대비하기 위해 반드시 갖춰야 할 56가지 역량을 정리했습니다. 디지털 역량은 그중에서도 핵심이 됩니다. 디지털 유창성은 단순한 기기 조작 능력이 아닙니다. 알고리즘적 사고, 데이터 리터러시, 개인정보 보호 의식, 온라인 윤리까지 포괄합니다. 이를 개발하기 위해 굳이 키보드 타자 속도를 높이거나 코딩 대회를 준비할 필요는 없습니다. 일상에 잠재된 AI를 생활 실험으로 끄집어내면 충분합니다. 예를 들어 아이와 함께 넷플릭스에서 서로 다른 계정으로 영화를 고르면서 '왜 내 계정에는 공룡 다큐가 뜨고 네 계정엔 애니메이션이 뜰까?'를 토론해 보시기 바랍니다. 이 질문 하나만으로도 추천 엔진 구조, 시청 기록의 영향력을 자연스럽게 탐험할 수 있습니다.

많은 부모님이 "아직 연필로 글씨 쓰기도 서투른데 AI는 너무 빠른 게 아닌가요?"라고 걱정하십니다. 하지만 현재 AI 서비스의 다수는 음성, 이미지 입력을 기본으로 지원합니다. 아이가 스마트폰 카메라로 수학 문제를 찍어 풀이 과정을 확인하거나 음성 명령으로 영어 문장을 번역해 보는 동안 문해력과 수리력은 AI와의 상호작용 속에서 오히려 강화됩니다. 중요한 건 빨리가 아니라 천천히 함께입니다. 부모가 옆에서 "AI가 보여 준 정답을 우리 말로 다시 설명해 줄래?"라고 되묻거나 "이 번역이 완전히 맞을까? 원문과 비교해 보자"라고 안내하면 아이는 AI 결과를 맹신하지 않고 비판적 검증 루틴을 익히게 됩니다.

AI 시대에 가장 필요한 역량은 기술 자체가 아니라 그것을 어떻게 다루느냐의 문제입니다. 파에톤 이야기는 강력한 도구일수록 그것을 통제할 수 있는 힘을 먼저 갖춰야 한다는 교훈을 줍니다. 그 통제력은 질문을 던지고 목적을 세우며 결과를 판단할 수 있는 힘에서 시작됩니다.

파에톤 효과 - 통제 없는 조기 노출의 위험

비즈니스 환경의 부모들과 아이들의 세계는 다른 점이 있습니다. 비즈니스 현장에 있는 사람들은 이미 어떤 업무를 수행해 본 경험이 있고 그 경험을 바탕으로 AI를 보조 도구처럼 활용할 수 있습니다. 예를 들어 문서를 요약하거나 고객 데이터를 분석할 때 기존에 해 왔던 방식이 있기 때문에 AI를 통해 업무 효율을 높입니다. 하지만 아이들은 다릅니다. 아직 세상에 대해 배워 가는 과정에 있는 아이들은 경험의 축적이 없습니다. 이는 마치 운전을 할 줄 아는 사람과 전혀 운전 경험이 없는 사람의 차이와 같습니다. 자율주행 기능은 운전의 개념을 이해하고 있는 사람에게는 유용하지만 운전이라는 것이 무엇인지조차 모르는 아이에게는 오히려 위험한 도구가 될 수 있습니다.

이런 맥락에서 그리스 신화 속 파에톤의 이야기는 시사점이 큽니다. 태양신 헬리오스의 아들 파에톤은 아버지처럼 하늘을 달리는 마차를 직접 몰고 싶어했습니다. 하지만 그는 운전할 준비가 되어 있지 않았습니다. 통제 능력이 부족했던 파에톤은 결국 마차를 제대로 조종하지 못했고, 세상은 불에 타고 혼란에 빠졌습니다. 신들의 세계조차 위협받자 제우스는 결국 파에톤을 벼락으로 떨어뜨리고 맙니다.

AI는 아이가 질문하면 즉각적으로 답을 줍니다. 하지만 이 과정이 반복되면 아이는 탐구와 사고의 과정을 거치지 않고 정답만을 찾는 습관을 지니게 될 수 있습니다. 이는 문제 해결력, 창의력, 비판적 사고력의 발달에 부정적인 영향을 줄 수 있습니다. 특히 아동기에는 '왜?', '어떻게?'라는 질문을 끊임없이 던지면서 사고하고 시도하고 탐색하는 시기입니다. 그런데 AI가 그 과정을 단축시켜 버릴 경우 깊이 있는 사고 훈련의 기회를 잃을 수도 있습니다.

AI는 계단을 오르는 수고를 덜 수 있는 엘리베이터와 같은 존재입니다. 엘리베이터를 타면 빨리 올라갈 수는 있지만 계단을 오를 때 느끼는 균형 감각과 체력은 길러지지 않습니다. 아이가 AI를 통해 빠르게 정보를 얻는 건 도움이 될 수 있지만 배움의 과정에서 겪는 어려움, 반복, 좌절, 감정 조절의 경험은 사라질 수 있습니다. 성장에서는 속도보다 과정의 질이 중요합니다.

통제 없는 AI 사용은 과거의 텔레비전처럼 수동적인 수용 도구로 전락할 수 있습니다. TV가 처음 나왔을 때 사람들은 바보상자라고 불렀습니다. 자신이 무엇을 보는지 고민하지 않고 그저 보여주는 것만을 받아들이는 습관이 사람들의 사고를 마비시켰기 때문입니다. MIT의 연구도 같은 부분을 강조합니다. 처음부터 AI에 모든 것을 맡기는 방식이 아니라 무엇을 위해 사용할 것인가라는 목적을 명확히 하고, 그다음 AI를 활용하며 마지막으로 그 결과를 사람이 다시 가공해야 한다는 것입니다. 충분한 목적 의식과 통제력을 갖추지 못한 채 AI를 다루기 시작하면 겉으로는 화려해 보여도 실제로는 방향을 잃기 쉽습니다. 마치 파에톤과 같은 모습입니다.

발달 단계별 AI 도입 로드맵

유아기와 아동기는 정서, 감각, 운동, 사회성 등 다양한 발달이 유기적으로 이루어지는 시기입니다. 이 시기에 주된 경험은 사람과의 상호작용, 몸을 써서 배우기, 감정을 공유하는 과정이어야 합니다. 그런데 AI에 일찍 노출되면 이런 경험의 밀도가 낮아질 수 있습니다. 특히 감정 조절력, 공감 능력, 언어 표현력은 기계와의 상호작용만으로 자라기 어렵기 때문에 조기 노출에 신중함이 필요합니다. 아이들이 AI 스피커나 챗봇과 대화를 하며 편안함을 느낄 수 있습니다. 자신에게 무조건 맞춰 주기 때문에 아이가 AI에게 맞추는 노력이 필요 없기 때문입니다. 하지만 부모나 또래, 교사처럼 정서적으로 상호작용할 수 있는 대상이 아니라는 점에서 위험할 수 있습니다. 아이가 실수하고 상처받고 갈등을 겪는 과정을 통해 관계의 깊이를 배우는 것이 정상 발달입니다. AI와의 관계는 일방적이고 통제 가능한 구조이기 때문에 진정한 관계 훈련이 되지 않습니다.

초등학교 고학년 이후에는 학습 보조 도구, 콘텐츠 제작 도구, 자기 표현 수단으로 AI를 활용할 수 있습니다. AI를 적절하게 접한 아이들은 기술에 대한 두려움 없이 자연스럽게 활용 능력을 높이는 장점이 있습니다. 기술을 도구로 인식하고 창의적으로 활용하는 경험은 이후의 학습 동기와 자기 주도성을 높일 수 있습니다. 단, 이 시점은 아이가 자기 통제력과 비판적 사고력을 갖추기 시작한 시기여야 합니다. 아이의 자율성과 사고력이 형성된 이후에 AI를 접하면 오히려 더 깊이 활용할 수 있습니다. 어릴 때부터 노출된 기술은 익숙할 수는 있어도 그것을 비판적으로 다룰 수 있는 힘은 충분히 발달한 이후에 생깁니다. 따라서 조기 노출은 조심해야 하며, 성장 단계에 맞는 시기와 방식을 고려하여 접근해야 진짜 역량이 됩니다.

AI 이해를 더 깊게 하기 위해서 4주 가족 프로젝트를 꾸준히 운영해 보시기 바랍니다. 1주 차에는 생활 도구 속 AI 찾기를 목표로 집 안, 동네, 학교 등에서 AI 기능을 사용하는 제품과 서비스를 사진으로 기록합니다. 2주 차에는 AI 추천 근거 추론하기를 통해 각 서비스가 데이터를 어떻게 수집·가공·분석했을지 추측해 봅니다. 3주 차에는 AI가 틀릴 때 수정해 보기 미션을 진행합니다. 번역기가 오역한 문장을 찾아 직접 고치고, 수정된 데이터를 다시 학습시키는 과정을 체험해 보는 방식입니다. 마지막 4주 차에는 새로운 AI 툴을 함께 체험해 봅니다. 음성 합성, 코딩 파트너, 음악 생성 등 흥미로운 툴을 한 가지 사용해보고 후기 발표회를 엽니다. 이 네 단계를 한 달마다 순환하면 아이의 호기심, 비판적 사고, 창의성이 동시에 성장할 수 있습니다.

그렇다고 온종일 디지털 기기로만 배우다 보면 정서적·신체적 피로가 쌓여 메타인지가 떨어질 수 있습니다. AI 활용은 균형을 잃지 않을 때 지속 가능한 힘을 발휘합니다. 책 읽기, 산책, 손글씨 일기 등 아날로그 활동을 병행하며 두뇌 회복 시간을 주어야 AI 학습 효과가 극대화됩니다. 또한 디지털 다이어트를 정기적으로 실시해 일주일에 하루 또는 하루 중 특정 시간을 '무(無) 알고리즘' 시간으로 비워 두면 AI 없이 스스로 자료를 찾아보는 탐구 근육이 유지됩니다.

결론적으로 AI 도입 시기를 고민하기보다 AI 리터러시 가정 프로젝트를 시작해보시기 바랍니다. 이미 집안 곳곳에 자리 잡은 AI를 가족이 함께 해부하고, 알고리즘 뒤에서 작동하는 데이터와 윤리, 책임을 생활 언어로 토론해보시기 바랍니다. 그럴 때 AI는 공포의 대상이 아니라 성장의 촉매로 변신합니다. 부모와 아이가 공동 탐험대가 되어 'AI를 어떻게 의미 있게 사용해 볼까?'를 질문하는 순간 디지털 순환의 속도는 위협이 아니라 모험과 창조의 무대가 됩니다.

오늘부터 할 수 있는 세 가지

🤖 추천 알고리즘 탐정 놀이

가족 각자 다른 넷플릭스, 유튜브 계정 화면을 캡쳐하여 비교하고 '왜 이런 콘텐츠가 떴을까?'를 토론해 봅니다.

🤖 AI 오류 수정 챌린지

번역기가 틀린 문장 또는 AI 그림의 어색한 부분을 찾아 직접 고치고 수정 전·후의 결과를 공유합니다.

🤖 주 1회 무알고리즘 산책

하루 30분 이상 스마트 기기를 끄고 산책, 손글씨, 보드게임 등 아날로그 활동을 가족과 함께 진행합니다.

AI로 공부하는데 학교는 꼭 보내야 하나요?

AI가 지식을 즉시 불러오는 세상에서 '학교는 필요할까?'라는 질문은 자연스러워졌습니다. 그러나 알고리즘이 채워주지 못하는 영역이 있습니다. 표정과 눈빛으로 읽는 분위기, 팀마다 다른 속도로 맞추는 호흡, 갈등을 조율하며 새 가치를 만드는 경험은 사람 속에서만 자랍니다. 학교가 교과서의 벽을 넘어 질문, 협업, 비언어 소통을 실험하는 리빙랩이 될 때 AI는 도구가 되고 학생은 주도자가 됩니다.

사람 속에서만 길러지는 역량

인간을 사회적 동물이라고 하는 것처럼 인간으로서 잘 성장하기 위해서는 사람 속에서 관계를 맺는 것이 필요합니다. 어릴 때는 가정의 울타리 안에서 부모의 역할이 더 중요합니다. 하지만 아이는 성장하면서 가정을 벗어나 학교라는 곳에서 인간관계를 확장합니다. 아이는 학교에서 인간관계를 경험하고 다양한 시도를 해 보면서 세상을 보는 관점을 배워갑니다. 지식을 아는 데 그치지 않고 배운 지식을 사람들 속에서 사용해 보면서 사람들로부터 실제적인 지식을 배울 수 있습니다. 사람은 사람 속에 있을 때 건강하게 성장할 수 있고 학교는 이것을 효과적으로 제공해 주는 곳입니다. AI는 지식을 채울 수 있는 좋은 도구이지만 그 외의 것은 사람 속에서, 세상 속에서 채워야 합니다.

지식은 AI가 줄 수 있지만 공감, 갈등 조율, 협력, 배려는 인간관계를 통해서만 길러질 수 있습니다. 학교는 가정이라는 좁은 울타리를 넘어 또래, 선생님, 공동체와 관계를 맺으며 사회적 존재로서 성장할 수 있는 무대입니다. 인간은 혼자서 온전한 존재가 될 수 없습니다. 관계를 통해 자신을 조절하는 힘을 기르기에 학교는 여전히 대체 불가능한 곳입니다. AI는 정답을 빠르게 줄 수 있지만 실수와 시행착오를 통한 배움은 가르쳐 줄 수 없습니다. 반면 학교는 실패해도 괜찮고 다시 도전할 수 있는 안전한 공간입니다. 친구와의 협업, 발표, 토론, 놀이와 같은 다양한 활동을 경험할 수 있습니다. 사람은 직접 해 보면서 배우고 그 과정에서 자존감과 자기 효능감이 자랍니다. AI는 도구일 뿐 성장의 현장은 여전히 사람이 있는 곳입니다.

현실의 비즈니스 환경은 정답이 정해진 시험장이 아닙니다. 오히려 처음 마주하는 낯선 문제를 다양한 배경과 관점을 지닌 사람들과 함께 풀어가는 공간입니다. 이때 단순한 말의 전달력보다 더 중요한 것이 있습니다. 바로 비언어적 소통 능력입니다. 표정, 눈빛, 몸짓, 말의 속도와 리듬 같은 요소들은 협업의 흐름과 분위기를 좌우합니다. 이런 소통은 단순한 언어 능력 이상의 것이며, 실제로 문제를 해결할 수 있는 힘이 됩니다.

비언어적 소통은 책상 앞에서 혼자 공부한다고 길러지는 것이 아닙니다. 이것은 실전 속에서 반복되는 상호작용을 통해 체화되는 능력입니다. 학교는 이런 훈련의 장이 됩니다. 영화 〈컨택트(Arrival)〉는 이 점을 인상 깊게 보여줍니다. 주인공 루이스는 외계 생명체의 언어를 해석하기 위해 문법이나 단어의 기계적인 번역에 머무르지 않습니다. 오히려 그들의 성향과 맥락을 섬세하게 관찰하며 의미를 찾아갑니다. 이 장면은 진정한 소통이 언어 그 자체가 아니라 언어를 둘러싼 맥락과 감각, 상호작용 속에서 발생한다는 것을 잘 보여줍니다.

주도성과 공동 주도성, 학교가 설계해야 할 여정

OECD Learning Compass 2030은 미래 사회에서 '잘 사는

삶(Well-Being)'을 이루기 위한 결정적 조건으로 학생주도성(Student Agency)과 공동주도성(Co-Agency)을 제시합니다. 이는 학교가 학생의 머릿속에 정보를 주입하는 장소가 아니라 학생이 자기 목적을 세우고 의미 있는 변화를 설계, 실행하는 창작 스튜디오가 되어야 함을 뜻합니다. 주도성은 그저 '스스로 공부한다'는 수준이 아닙니다. 요구되는 목표의 복잡도와 사회적 책임이 과거보다 훨씬 커졌습니다. 학교에서 아이는 오늘도 변화하는 세상에서 '어떤 가치를 만들고 싶은가'를 깊이 성찰하는 여정을 설계해야 합니다. 교실은 개인의 성적을 관리하는 행정 단위가 아니라 학생이 사회를 탐험하고 재구성해 보는 리빙랩(Living lab)의 역할을 맡아야 합니다.

학생주도성은 배움과 삶의 방향타를 학생 스스로 쥐는 힘입니다. 목표를 세우고 전략을 고안하고 난관을 만났을 때 아이는 스스로 수정을 결정합니다. 그리고 그 과정에서 자기조절, 메타인지, 내적 동기가 동시에 자랍니다. 예를 들어 고등학교에서 관동별곡을 주제로 진행한 PBL 수업을 보겠습니다. 아이들은 송강 정철의 여정에 따라 그 시대의 역사, 사회 상황, 가치, 문화재 등을 조사 및 해석하는 큐레이터 역할을 나누어 맡았습니다. 마지막에는 이를 토대로 전시회를 기획해 보았는데, 이때 학생들은 자신의 기여도와 한계를 동시에 돌아보며 다음번 목표를 스스로 수정했습니다. 이 경험 속에서 주도성은 시험 점수를 넘어 지속 가능한 목표 관리 능력으로 전환됩니다.

하지만 단독 플레이만으로는 완성되지 않습니다. 공동 주도성은 학생, 교사, 학부모, 지역사회가 학습 파트너가 되어 자원을 교환하고 함께 목표 달성을 추진하는 과정입니다. 여기에는 관계 형성, 역할 분담, 갈등 조정이 필수입니다. 한 중학교에서 진행했던 '예술가 마을 홍보 프로젝트' 사례를 보면 학생들은 예술가 마을의 침체를 문제로 정의하고 사회 교사, 지자체 공무원, 지역 주민과 함께 협력해서 캠페인 계획, 마케팅 전략, 홍보 실행의 전 과정을 완주했습니다. 프로젝트가 끝난 뒤 예술가 마을을 찾는 사람들을 보면서 학생들은 자신들의 행동이 실제 사회와 지역 문화에 미치는 파급 효과를 경험할 수 있었습니다. 공동 주도성은 학습을 나의 프로젝트에서 우리의 움직임으로 확장시키며 배움 자체를 지역사회 혁신의 매개로 재정의합니다.

AI 시대, 학교를 경험 기반 공간으로

AI 시대를 맞이한 지금, 우리는 학교의 역할에 대해 다시 생각해 보게 됩니다. 여전히 많은 사람이 학교를 지식을 배우는 곳, 즉 인지적 능력을 키우는 공간으로만 인식합니다. 하지만 이런 인식은 빠르게 변하는 사회적 요구에 부합하지 않습니다. 이제는 단순히 '얼마나 많은 지식을 알고 있는가'보다 '현장에서 실제로 문제를 해결할 수 있는가', '사람들과 협업할 수 있는가'가 더 중요한 시대입니다. 이런 변화 속에서 학교는 더 이상 교과서 중심의 지식 전달에 머무를 수 없습니다.

OECD Learning Compass 2030은 새로운 가치 창출, 긴장과 딜레마 조율, 책임감 있는 행동을 중심으로 한 변혁적 역량(Transformative Competencies)을 핵심으로 꼽습니다. 혁신적 사고력은 아이디어를 실현할 실행 체계와 만날 때 폭발력이 생깁니다. 상충하는 이해관계를 조율하려면 비판적 사고와 인지적 공감이 동시에 작동해야 하고 책임감 있는 행동은 타인의 시선을 견디며 신뢰를 쌓는 과정을 전제로 합니다. 이 세 가지는 개인적 수련으로도 자랄 수 있지만, 협력 구조 안에서 훨씬 빠르고 깊게 발전합니다. 바로 여기서 P21 모델의 4C(소통, 협력, 비판적 사고, 창의성) 가치가 실전성을 얻고, 56 DELTAs가 강조하는 공감, 신뢰, 겸손, 사교성 같은 대인 관계 역량이 실질적 의미를 갖습니다.

결국 미래 학교는 지식 전달 중심의 공간에서 벗어나야 합니다. 비언어적 소통, 공감, 협업이 자연스럽게 이루어지는 경험 기반 공간으로 재편되어야 합니다. 이런 공간 안에서 자란 학생들은 AI와 함께 일하면서도 인간다운 경쟁력을 유지할 수 있는 진짜 역량을 갖추게 됩니다. 학교는 더 이상 정답을 가르치는 곳이 아니라 질문하고 협업하며 관계를 맺는 법을 배우는 곳이어야 합니다. 그것이 바로 AI 시대에 인간 교육의 본질이며 우리가 추구해야 할 미래 학교의 모습입니다. 아이의 사람다움은 학교라는 공동체에서 길러집니다.

오늘부터 할 수 있는 세 가지

🤖 사일런트 포스터 세션
한 주간 배운 개념을 글 없이 그림, 사진, 몸짓만으로 설명하는 '2분 발표'를 준비하고 가족들 앞에서 시연해 봅니다.

🤖 역할 체인지 데이
하루 동안 교사가 되어 가족들을 대상으로 'AI를 활용한 15분 마이크로 수업'을 설계·진행해 봅니다.

🤖 지역 연계 AI 미션 주간
동네 문제 하나를 같이 정해보고 AI 브레인스토밍, 현장 인터뷰, 시제품 스케치 과정을 실행해 봅니다.

옛날 방식대로 하는 공부는 이제 안 해도 되는 걸까요?

AI가 무엇이든 알려주는 시대라 해도 아이의 머릿속에 기본 재료를 쌓는 일은 사라지지 않습니다. 구구단을 외우고 핵심 낱말을 정확히 기억해야만 AI 답변이 맞는지 가려내고 새로운 질문을 만들어낼 힘이 생기기 때문입니다. 암기, 반복이 목적이 아니라 퍼스트 브레인의 뼈대를 세우는 과정입니다.

퍼스트 브레인의 뼈대가 먼저다

빠르고 복잡한 비즈니스 환경에서 중요한 것은 얼마나 많은 정보를 알고 있는가가 아니라 그 정보를 얼마나 빠르게 꺼내어 쓸 수 있는가입니다. 오늘날 우리는 AI의 도움으로 필요한 정보를 쉽게 검색하고 답을 빠르게 찾을 수 있는 시대에 살고 있습니다. 그러나 이런 환경 속에서도 내 머릿속에 구조화된 지식이 존재해야만 AI가 주는 정보를 검증하고 상황에 맞게 활용할 수 있습니다.

AI는 분명 강력한 세컨드 브레인입니다. 그러나 세컨드 브레인을 제대로 활용하려면 퍼스트 브레인, 즉 나의 두뇌에 기본적인 지식 체계와 사고 구조가 잡혀 있어야 합니다. 이를 위한 가장 기본적인 학습법이 바로 암기입니다. 많은 사람이 암기를 과거의 방식으로 치부하지만, 암기를 통해 머릿속에 지식의 뼈대를 세우고 구조를 형성하는 것은 가장 근본적인 학습법에 속합니다.

역량은 지식, 기능, 가치, 태도를 상황 맥락 속에서 통합·작동시켜 복합적 문제를 해결하는 총체적인 힘이지 지식을 대체하는 종착지가 아닙니다. 오히려 변화 속도가 빠를수록 정확한 개념과 깊은 배경지식은 더 절실해집니다. 이유는 간단합니다. 어떤 혁신 아이디어도 기초 개념을 발판 삼아야 현실성을 얻고, 공공성, 윤리성과 같은 가치 판단도 역사·철학적 지식이 뒷받침될 때 설득력을 갖기 때문입니다. 역량 기반 교육이 강조하는 수행(Doing by Thinking) 역시 튼튼한 지식의 토양 위에서만 자랍니다. 결국 교과 지식은 사라지는 것이 아니라 사회와 접속되는 형태를 달리할 뿐입니다. 학생이 '이 공식이 우리 동네 문제를 푸는 데 어떤 쓰임새가 있을까?'를 묻고 답하는 과정이 바로 역량 학습의 핵심 지점입니다.

AI는 정보를 제공하고 요약해 주는 데 탁월하지만 그것을 판단하고 연결하는 힘은 사람에게 있습니다. 아무리 AI가 정교하게 대답하더라도 내가 무엇을 알고 무엇이 부족한지 모른다면 올바른 질문을 할 수 없습니다. 질문은 단순한 호기심이 아니라 내가 알고 있는 것과 모르는 것 사이의 간극에서 나옵니다. 그리고 기초 지식이 탄탄해야 그 간극이 보이고 질문이 생깁니다. AI 시대에도 기초 지식은 단순 암기의 대상이 아니라 사고와 탐구를 위한 기반으로 반드시 필요합니다. 지식은 요리의 재료와 같습니다. 아무리 좋은 조리 도구가 있어도 재료가 없다면 요리를 할 수 없습니다. 오히려 다양한 재료가 준비되어 있어야 도구를 잘 활용할 수 있고 최고의 요리를 만들어낼 수 있습니다. 기초 지식은 AI를 활용한 창의적 사고와 문제 해결 가능성의 열쇠와 같습니다.

기억에서 이해 없이는 창조도 없다.

지식과 역량의 선순환을 제대로 이해하기 위해서는 Bloom의 인지과정 영역을 다시 살펴볼 필요가 있습니다. 기억, 이해 단계를 건너뛴 적용, 분석, 평가, 창조는 존재하지 않습니다. 가령 화학에서 산과 염기에 대한 구조식을 암기하지 못하면 환경 오염 데이터를 해석하거나 필터링 소재를 설계할 수 없습니다. 역사적 사건의 연표를 정확히 모르고는 그 사건을 둘러싼 국제 관계 맥락을 분석할 수 없습니다. 기초 개념은 사고의 부품입니다. 다만 과거 교육이 부품 수집에만 몰두했다면 지금은 부품을 조립해 실험하고 설계도를 스스로 만드는 위쪽 단계가 강조될 뿐입니다. 교육 현장은 이를 위해 프로젝트 기반 학습(PBL)을 도입하거나 교과 간 융합 과제에서 학생 스스로 탐구 질문을 설계하도록 유도합니다. 하지만 그 모든 시도는 튼튼한 기억, 이해 기반 위에서 비로소 성공률이 극적으로 높아진다는 사실을 간과해서는 안 됩니다.

〈대학전쟁〉이라는 방송 프로그램을 보면 많은 영재들이 등장합니다. 그들은 단순히 외우는 것이 아니라 패턴과 현상을 이해하고 암기하는 모습을 보여줍니다. 이는 암기가 단순한 반복이 아니라 의미와 연결을 기반으로 한 사고 훈련이라는 것을 보여줍니다. 영재들이 선택한 이 방식은 단순히 시험을 위한 공부가 아니라 AI 시대에도 여전히 유효한 두뇌 훈련법입니다.

무조건적인 암기나 문제 풀이 중심의 학습은 현재뿐만 아니라 과거에도 별 도움이 되지 않았습니다. 학습하는 지식과 학습 과정을 통해 자신의 생각을 정교하게 하고 세상에 활용하는 것이 중요합니다. 따라서 AI와 관계없이 학습 방법에서 우선 변화가 필요합니다. 지식은 사고의 기본 재료가 되는 것이기에 폭넓은 지식을 갖추는 것은 창의적이고 논리적인 사고를 더욱 촉진할 수 있습니다.

AI를 활용하더라도 기본적인 지식을 갖추지 못하면 무엇을 질문해야 하는지조차 알 수 없습니다. AI 시대에도 여전히 지식과 교양이 풍부한 사람이 더 좋은 질문을 통해 지식을 확장해 갈 수 있습니다. 또한 언어 모델인 AI와 소통을 잘하기 위해서는 언어적 능력을 갖추는 것이 중요합니다. 우리말인 국어를 통해 정교한 사고와 질문을 할 수 있고 영어를 통해 엄청나게 많은 지식을 활용할 수 있습니다. 그리고 과학적인 지식을 이해하고 활용하기 위한 수학 언어도 중요합니다. 지식을 갖추기 위한 기초 학습은 여전히 중요합니다. 그리고 효과적인 학습을 위한 학습 방법의 변화 또한 필요합니다.

기초를 살리는 새로운 학습법

기초 학습은 여전히 생각의 재료이고, 역량 학습은 그 재료를 사회적 가치를 지닌 창작물로 전환하는 가공, 유통의 과정입니다. '옛날 공부법은 버려야 한다'와 '새 방식만이 답이다'라는 이분법은 현실적인 해답이 아닙니다. 기초, 심화, 역량 적용으로 이어지는 삼각 구조를 균형 있게 운영해야 합니다. 교과서 개념을 먼저 충분히 습득하고 이를 실험·토론·디자인 씽킹으로 확장해 현실 문제에 맵핑하며 AI 도구를 데이터 분석, 시뮬레이션, 반추(Feedback)

도구로 활용하는 혼합형 학습 시스템이 필요합니다. 교사는 콘텐츠 제공자에서 학습 설계자, 메타인지 코치로, 그리고 부모는 성적 관리자에서 정서적 지지자, 학습 파트너로 역할이 재정의됩니다. 기초 학습과 역량 학습의 두 축이 맞물릴 때, 아이는 불확실성이 지배하는 미래에도 흔들리지 않는 지적, 도덕적 나침반을 장착한 전인적 인재로 성장할 수 있습니다.

하지만 기초학습의 중요성이 여전하다고 해서 옛날처럼 단순 반복, 무조건 암기 중심의 학습을 계속해야 한다는 것은 아닙니다. 정보는 AI가 대체할 수 있지만 학습자는 그 정보를 자기 것으로 만들기 위해 활동해야 합니다. 기초 개념을 배우더라도 다양한 맥락에서 쓰이는 방식으로 학습해야 하며 자신의 언어로 설명하고 응용하는 과정이 필요합니다. 반복보다는 연결과 응용 중심의 학습을 진행해야 합니다. 이는 학습의 효율성을 높일 뿐만 아니라 지식을 살아 있는 자산으로 만들게 합니다. 기초학습은 여전히 핵심적으로 중요합니다. 그리고 그것보다 중요한 것은 기초학습을 효과적으로 학습할 수 있는 방법으로의 전환입니다.

아무리 많은 정보가 AI에 저장되어 있더라도 그것을 받아들이고 판단할 수 있는 나의 뇌 구조가 마련되어 있지 않으면 의미가 없습니다. 퍼스트 브레인을 체계적으로 훈련하지 않은 채 세컨드 브레인에만 의존한다면 결국 의사결정 능력도, 문제 해결 능력도 약화될 수밖에 없습니다.

  시대가 변화하면서 학습의 본질이 더욱 중요해지고 있습니다. 무엇을 배우느냐보다 어떻게 배우고, 어떻게 활용할 수 있는지가 관건입니다. AI 시대일수록 폭넓은 기초 지식과 언어적 사고력, 수리적 사고력은 더욱 중요해졌습니다. AI와 소통하기 위해, AI의 능력을 제대로 활용하기 위해서도 여전히 튼튼한 지식의 기반을 갖추어야 합니다. 지식은 사고의 재료이며, 기본이 탄탄한 사람은 더 깊고 창의적인 질문을 던질 수 있습니다. 언어와 수학은 AI와 소통하고 정보를 해석하는 핵심 도구이기에, 이 기초 능력을 튼튼히 하는 것은 미래를 준비하는 첫걸음입니다. 시대가 달라져도 공부의 본질은 변하지 않습니다.

오늘부터 할 수 있는 세 가지

🤖 이야기 암기 궁전

외워야 할 개념을 가족이 만든 짧은 모험 스토리에 숨겨서 반복 낭독합니다. 완성 뒤에 AI 그림 생성기로 장면 삽화를 그려 붙여봅니다.

🤖 1분 개념 방송국

아이가 오늘 배운 내용 중 하나를 1분 음성 녹음으로 설명하고 '모르는 부분은 AI에게 물어볼게'라고 표시해 봅니다. 그리고 함께 오류와 빈칸을 AI로 보완합니다.

🤖 그림 플래시카드

종이 카드 앞면에 아이 그림, 뒷면에 정의와 예시를 쓰고 더 궁금한 점은 AI에게 물어 카드를 완성해 봅니다.

이러다 우리 아이가 AI 활용 기술이 뒤처지는 건 아닐까요?

생성형 AI가 숙제를 순식간에 풀어주지만, AI를 앞서는 힘은 기능 암기가 아니라 '왜, 어떻게'를 따지는 눈에서 나옵니다. AI가 건넨 문장을 한 걸음 물러서 해석하고 새 질문으로 되돌려주는 능력, 우리는 이것을 AI 문해력이라고 부릅니다. 부모가 옆에서 '무엇을 묻고, 어떻게 검증할까?'를 함께 탐험할 때, 아이는 기술 변화가 아닌 탐구의 속도로 앞서 나갑니다.

AI 문해력, 도구보다 본질을 본다

문해력은 단순히 글자를 읽고 이해하는 능력이 아닙니다. 글 속에 숨어 있는 의도, 맥락, 전제를 함께 파악하는 것이 진짜 문해력입니다. 그래서 문해력은 단순히 국어나 언어 교육의 문제가 아니라 생각하는 힘, 판단하는 능력과 연결된 핵심 역량입니다. 특히 비즈니스 환경에서 이 문해력은 성패를 가릅니다. 회의 자료, 보고서, 이메일처럼 넘쳐나는 정보 속에서 맥락을 정확히 읽어내는 사람만이 의사 결정의 흐름을 정확하게 이해하고 전략적으로 움직일 수 있기 때문입니다.

최근 들어 더 중요해진 개념은 바로 AI 문해력입니다. AI 문해력은 기존 문해력의 확장입니다. 글을 읽는 힘 위에 AI가 생성한 결과를 어떻게 해석하고 이해할 것인가라는 새로운 과제가 더해진 것입니다. AI는 데이터를 기반으로 답을 제공하지만, 그것이 언제나 정답이거나 객관적이라고 보장되지는 않습니다. AI는 확률적으로 그럴듯한 문장을 만들 뿐이기 때문입니다. 따라서 AI 문해력이란 AI의 출력이 어떤 전제, 편향, 알고리즘에서 나왔는지를 따져보고, 그 결과가 유효한지를 스스로 검토하는 능력이라고 할 수 있습니다.

많은 부모는 아이가 AI 기술을 배우지 않으면 뒤처질 것이라는 불안을 느끼곤 합니다. 하지만 아이에게 중요한 것은 AI의 원리를 깊이 있게 이해하는 것이 아니라 그것을 얼마나 도구로 잘 활용할 수 있는가입니다. 예를 들어 모든 아이가 컴퓨터 프로그래밍 언어를 배울 필요는 없습니다. 그러나 워드프로세서나 인터넷 검색처럼 AI를 이용한 정보 탐색과 응용은 필수적입니다. AI 리터러시는 사용을 통해서만 길러지는 능력입니다. 수많은 실패와 시행착오 속에서 어떻게 질문할지, 어떤 정보를 선택할지, 어떻게 결과를 해석할지를 배우게 됩니다.

하루가 멀다 하고 업데이트되는 AI 기능 목록 전체를 외우려 애쓰는 대신, 내가 해결하려는 문제, 창출하려는 가치는 무엇인가를 먼저 사고해야 합니다. 자동차가 마차를 대체했을 때도 마부라는 직업 자체가 즉시 소멸하지 않았습니다. 역사적으로 새로운 도구의 등장은 인간 역량의 소멸이 아니라 역할 수행의 재편으로 귀결되었습니다. 핵심은 내가 하는 일의 본질이 무엇인가를 분명히 붙드는 힘입니다. 마부의 본질이 '멀리, 편하게 이동을 돕는다'였다면, 도구가 마차에서 자동차, 비행기, 자율주행차로 변해도 본질은 바뀌지 않습니다. 이것을 파악한 이들은 당황하지 않고 새로운 기술을 기민하게 흡수했습니다. 아이도 마찬가지입니다. 본질을 선명하게 인식하는 태도는 도구 변화에 대한 불안을 탐구 동력으로 전환시켜 줍니다.

추상에서 구체로, 시스템을 해부하는 힘

AI 리터러시를 키우는 첫 단계는 추상적 사고를 구체적 행동으로 번역하는 연습입니다. 인간은 '꽃'이라는 단어로 무수한 식물군을 한 번에 호출합니다. 하지만 실제 화단을 가꾸려면 개나리, 장미, 라벤더에게 맞는 토양, 광량, 물 주기 등을 세밀하게 알아야 합니다. AI 활용도 동일합니다. '보고서 좀 써줘'처럼 뭉뚱그려 명령하면 AI 모델은 온건하고 모호한 문서를 내놓습니다. 반면 주제, 자료, 범위, 독자 수준, 문체, 결론 구조, 필요 근거를 세부 항목으로 쪼개어 입력하면 훨씬 정교한 결과가 탄생합니다. 이 경험을 반복하면 아이는 문제 정의 해상도가 결과물 품질을 결정한다는 사실을 체화하게 됩니다. 학교 과제를 할 때도 '왜 이 실험을 하는가', '내가 검증하고 싶은 변수는 무엇인가'를 먼저 명료히 한 뒤 AI 도구로 실험 설계, 데이터 시각화를 의뢰해 보도록 안내해 주기 바랍니다. 추상에서 구체로의 전환 훈련은 AI 도구 사용의 출발점입니다.

실제 비즈니스 환경에서는 이러한 힘이 분명하게 드러납니다. AI를 통해 소비자 데이터를 분석했을 때의 일입니다. 단순하게 'Z세대 고객의 이탈율이 30% 상승했다'는 결과만 보는 것은 절반짜리 이해입니다. 그 수치가 어떤 조건에서 나왔는지, 어떤 기간 동안의 데이터인지, 특정 변수는 제외되었는지까지 파악해야 비로소 전략적 판단이 가능해집니다. 이런 해석 없이 단순 수치만 믿고 행동하면 사업 방향을 잘못 잡을 수도 있습니다. AI 문해력은 단순한 기술 활용 능력이 아니라 AI를 활용해 제대로 판단할 수 있는 실무 능력이기 때문입니다.

그래서 같은 AI를 써도 어떤 아이는 깊이 있는 탐색을 하고, 어떤 아이는 피상적인 복사만 하게 됩니다. AI 역시 도구이기 때문입니다. 문제는 도구가 아니라 그 도구를 어떻게 쓰느냐에 달려 있습니다. 아이의 탐구심, 비판적 사고, 표현력과 같은 기본 역량은 AI 리터러시의 바탕이 됩니다.

AI를 마법 상자로 보지 않고 입력, 가공, 출력의 체계로 분해할 줄 아는 능력은 알고리즘적 사고의 핵심입니다. 가령 '학교 급식 잔반을 줄이겠다'라는 과제를 세부 단계로 나눠 보겠습니다. 먼저 잔반량 측정용 이미지 데이터를 수집하고, 이를 AI 비전 모델에 학습시켜 음식 종류별 잔반 비율을 산출합니다. 그리고 회귀 모델을 구축해 특정 메뉴, 날씨, 시험 기간 여부와 같은 변수를 투입하고 잔반량 예측치를 시뮬레이션합니다. 마지막으로 예측 결과를 토대로 메뉴 구성이나 배식 방식을 조정해 현장에 적용합니다. 이 한 사이클을 운영하면서 아이들은 데이터, 모델, 의사 결정에 이르는 흐름과 각 단계 간 피드백 고리를 몸으로 익히게 됩니다. 시스템적 사고로 전체와 부분 관계를 직관적으로 탐험하는 것입니다. 전체 구조를 보는 눈과 세부 오류를 잡아내는 디버깅 감각이 동시에 자라나게 됩니다.

실패, 피드백 루프가 만드는 학습 근육

실제 적용과 반복 실패 그리고 경험하는 고해상도 피드백은 아이의 AI 리터러시를 극대화 시킵니다. AI 활용 능력은 강의만으로 쌓이지 않습니다. 3D 모델 생성 AI를 켜서 우리 집 공간에 꼭 맞는 북카페형 책상을 만들도록 명령해 보시기 바랍니다. 초기 결과는 엉뚱할 가능성이 큽니다. 여기서 좌절하지 않고 치수, 재료, 예산, 사용 목적, 원하는 분위기를 늘려 가며 프롬프트를 세밀하게 조정합니다. 생성된 모델을 종이에 스케치해 물리적으로 표시하고 사진으로 다시 입력해 보완하는 실패, 수정, 재시도의 루프를 돌려야 합니다. 아이가 'AI가 못 알아들은 부분은 무엇인가', '어떤 변수를 넣어야 결과가 개선되는가'를 스스로 발견하며 실패 데이터를 담금질해 성공 조건을 도출하는 실험적 태도를 체득할 때 아이의 학습 근육은 성장합니다.

아이들이 AI가 제시하는 답을 비판 없이 받아들이는 순간 스스로 생각하는 힘은 약해집니다. 그래서 많은 부모들이 우리 아이가 문해력에서 뒤처지면 안 된다고 절박하게 이야기합니다. 그것은 단지 시험을 잘 보기 위한 두려움이 아니라 AI 시대를 살아갈 기본 생존 능력에 대한 걱정입니다. AI 디지털 리터러시는 기술을 쓰는 법이 아니라 판단하는 힘입니다. AI가 주는 정보를 받아들이기 전에 의미를 해석하고 어떻게 쓸지를 스스로 판단하는 것입니다. 질문하고, 비교하고, 표현하는 힘이 곧 미래형 문해력이라고 할 수 있습니다. 이는 정보를 나누고 해석하는 과정을 통해 기를 수 있습니다.

AI 리터러시의 본질은 특정 기능 암기가 아닙니다. 문제를 고해상도로 정의하고, 시스템적 관점으로 전체 흐름을 해부하며, 실험, 실패, 재시도의 피드백 루프를 즐기고, 이를 꾸준히 순환, 확장하는 학습 생태계를 설계하는 것입니다. 그리고 이를 통해 학습 근육이 탄탄해진다면 기술 진화 속도가 아무리 빨라도 아이의 성장 곡선을 결코 앞서지 못하게 됩니다. 도구 변화가 불안을 키우는 요소가 아니라 창의적 시도를 자극하는 연료로 작용하게 될 것입니다.

오늘부터 할 수 있는 세 가지

🤖 프롬프트 요리사

학습한 개념을 AI에게 설명하는 글을 작성해 봅니다. 재료(주제), 조리법(형식), 양념(톤) 세 가지 요소를 아이가 직접 정해 생성형 AI에게 요청해 봅니다.

🤖 데이터 의심 탐정 일기

뉴스, 유튜브 통계 등에서 한 가지를 골라 출처, 기간, 숨은 변수를 가족과 함께 추측해 기록해 봅니다. AI를 통해 사실을 확인해 보고 틀린 가설에는 왜 틀렸는지를 메모합니다.

🤖 AI 거짓말 찾기 게임

부모가 AI로 만든 짧은 이야기 2편(사실 1편, 가짜 1편)을 읽어 주고 아이가 신뢰 단서 3가지를 찾아 진위를 가려내면 승리하는 게임을 진행해봅니다. 다음 라운드에서는 아이가 AI를 시켜 문제를 출제하도록 안내합니다.

불확실성 서핑 가이드
- 역량으로 미래를 설계하다

물고기와 나무: 교육의 착시

모든 아이는 저마다의 바다를 헤엄치는 물고기입니다. 그러나 교육은 그 물고기에게 나무를 오르고 숲을 달리며 하늘을 날라고 요구해 왔습니다. 획일화된 시험은 잠재력을 서열화하고, 기준에 미달하면 '부족하다'는 낙인을 찍습니다. 결과적으로 아이들은 자신의 서식지와 리듬을 인정받지 못한 채, 동일한 트랙에서 경쟁하도록 내몰립니다. 물고기에게 가지 없는 나무를 오르라고 시키는 이 풍경은 교육이 본래의 다양성·적합성 원칙과 멀어졌음을 보여 줍니다.

이 갈등은 생성형 AI가 빠르게 확산되면서 더욱 선명해졌습니다. 2025년 1월 퓨리서치센터 조사에 따르면 미국 13~17세 청소년의 26%가 학교 과제에 AI를 활용한다고 답했습니다. 2023년

13%에서 불과 2년 만에 두 배가 된 수치입니다. SNS에서는 'AI 숙제 챌린지' 영상이 수십만 뷰를 기록하고, AI로 만든 이미지는 친구 간 밈으로 공유되고 있습니다. 아이들은 이미 AI와 협력하며 새로운 학습 루틴을 체득하고 있는데, 전통 교실은 여전히 암기 성적만으로 능력을 판단합니다.

문제는 교육이 이 변화를 따라가지 못한다는 점입니다. 정답을 빠르게 찾는 능력은 AI가 맡고, 인간에게 남은 것은 정답이 없는 문제를 정의하고 설계하는 역량입니다. 그럼에도 많은 교실은 여전히 '점수'라는 좁은 잣대로 물고기를 평가합니다. 이제 교육은 나무 위의 성적표가 아니라 바다에서의 탐험 지도를 그려 주어야 합니다. 그래야만 아이들은 자신만의 서식지를 확장하며, AI와 공존하는 시대에 주도적으로 항해할 수 있습니다.

Bloom Taxonomy의 경고: 20년이 지나도 유효한 메시지

2001년 개정된 Bloom Taxonomy는 학습 목표를 여섯 단계(기억, 이해, 적용, 분석, 평가, 창조)로 세분해 교육과정과 평가를 설계하는 공통 언어가 되었습니다. 기억은 사실과 용어를 떠올리는 능력, 이해는 이를 자기 말로 재구성하는 힘, 적용은 익힌 지식을 낯선 문제에 적용하는 과정입니다. 분석 단계에서는 구조를 해부 및 비교하고, 평가는 근거를 들어 타당성을 따지며, 창조 단계에 이르러서는 완전히 새로운 아이디어나 결과물을 산출합니다.

스마트폰도, 생성형 AI도 없던 2001년에 연구자들은 이미 '암기에 머물면 미래를 대비할 수 없다'고 경고했습니다. Bloom의 교육 이론은 지식의 양이 아니라 지식으로 무엇을 할 수 있는가라는 활용 가치를 학습의 완성으로 규정합니다. 상위 단계로 갈수록 복잡한 문제를 정의하고 다양한 관점으로 살피며 새로운 가치를 만들어 내야 한다는 점을 명확히 합니다. 다시 말해 수업-시험-점수로 이어지는 선형 모델은 애초부터 목표가 아니었습니다.

하지만 20년이 지난 오늘도 많은 교실은 기억과 이해에 과도한 시간을 투입합니다. 단어 암기와 수식 풀이가 우수 학습으로 간주되지만 생성형 AI가 정답을 실시간으로 제시하는 시대에 이런 연습은 1점 차 경쟁으로 축소됩니다. 반면 적용, 분석, 평가, 창조 단계는 호기심, 가설 검증, 가치 창출을 요구하며 AI가 대체하기 힘든 인간 고유의 역량입니다. 결국 교육은 지식을 전달하는 일이 아니라 지식을 활용하는 경험을 설계해야 합니다.

OECD Learning Compass 2030: 웰빙을 향한 나침반

2019년 OECD 교육국은 국제 전문가, 교사, 학생, 기업과 함께 Learning Compass 2030을 발표했습니다. 이 프레임워크는 2030년 이후 예측 불가능한 사회에서 개인과 공동체의 지속가능한 웰빙을 최종 목적지로 삼습니다. 보고서는 '진화형(framework in progress)'으로 계속 업데이트되며 정책·교실·평가를 잇는 공통 언어를 제공합니다.

Compass의 중심에는 학생주도성(Student Agency)이 자리합니다. 학습자는 예측-행동-성찰(Anticipate-Act-Reflect) 주기를 돌리며 목표를 스스로 설정하고 방향을 조정합니다. 이를 지지하는 핵심 기초(Core Foundations) -문해력·수리력·디지털 소양, 신체·정서 발달-은 배움의 토대를 이룹니다. 그 위에 지식·기술·태도·가치가 적층돼 전통 교과 이해, 문제 해결, 창의·협업, 윤리·공감 능력이 함께 자랍니다.

Compass가 제시하는 최종 도착지는 변혁적 역량(Transformative Competencies)입니다. 새로운 가치 창출, 긴장·딜레마 조율, 책임감 있는 행동이 그것입니다. 이는 사회를 '더 나은 방향'으로 바꾸는 힘으로 정의됩니다. Compass는 교사를 지식 전달자가 아니라 러닝 디자이너, 학생을 수동적 수용자가 아닌 항해자로 정의합니다. 즉 '무엇을 배울까'보다 '배운 것으로 어떤 가치를 더할까'를 묻는 것이 핵심 메시지입니다.

56 DELTAs: 노동시장이 보내는 신호

교육적 이상은 현실 경제와도 맞닿아 있습니다. McKinsey Global Institute는 18개국 18,000명을 조사해 자동화·AI 시대에도 중요한 56 DELTAs를 도출했습니다. 이는 인지·대인·자기주도·디지털 네 범주로 세분화되어, 과목 중심이 아닌 역량 포트폴리오가 필요하다는 근거를 제시합니다.

특히 자기주도성과 디지털 역량은 대체 불가능성이 높습니다. 자기주도성이 한 단계 오르면 취업 가능성이 최대 24% 상승하고, 디지털 역량이 한 단계 높아지면 상위 소득 진입 확률이 41% 늘어납니다. 이는 동일 조건에서 인지적 역량(30%)이나 대인 관계 역량(14%)보다 큰 효과입니다. 기업은 빠른 러닝 곡선을 선호하고, 자기주도적 인재는 실패와 피드백을 데이터로 받아들여 실험 속도를 유지합니다.

56 DELTAs는 '정답을 빨리 찾는 능력보다, 정답이 없을 때 버티며 설계하는 능력이 경쟁력'이라고 강조합니다. 따라서 학교 시간표와 과목 분절이 아니라 DELTAs 숙련도를 중심으로 교육 투자 구조를 재설계해야 한다고 말합니다. 이는 Bloom의 '상위 사고'와 OECD Compass의 '변혁적 역량'을 노동시장 가치와 직접 연결해줍니다.

학교: 활동이 아니라 사고가 일어나는 수행

이제 학교 수업 활동은 프로젝트 기반 학습(Project Based Learning), 문제 기반 학습(Problem Based Learning), 리빙랩(Living lab)처럼 문제 해결·창의·비판적 사고를 촉발하는 수행으로 전환되고 있습니다. 이러한 수행은 지식·기능·가치·태도를 통합해 특정 맥락의 문제를 해결하는 역량을 길러줍니다. 지식 없이 기능은 존재하지 않고, 가치·태도 없이 해결책은 지속되지 않기 때문입니다.

교과 간·학교급 간·학교와 사회 간의 연계 또한 필수입니다. 예를 들어 가족 내 의사소통 향상 프로젝트에서 학생은 데이터 수집-AI 분석-실행-회고를 경험합니다. 그리고 이를 통해 Bloom Taxonomy 상위 단계(분석·평가·창조)와 56 DELTAs(자기주도·디지털) 역량을 동시 습득합니다. 수업이 '배운 뒤 시험 보는 것'에서 '배우면서 바로 가치를 만드는 것'으로 바뀌는 순간입니다.

교사의 역할도 달라집니다. 교사는 러닝 디자이너로서 문제 정의·자료 탐색·프로토타입 제작·피드백 순환을 설계하고, 학생은 답을 듣는 수동적 존재가 아니라 탐험가·설계자가 됩니다. 학교는 거대한 실험장이자 창의 공방이 되어, AI 시대에도 인간 고유의 창조·책임·협동을 증폭시키는 무대가 됩니다.

가정: AI와 함께 꾸리는 메이커 스페이스

역량 중심 교육의 출발점은 사실 집입니다. 과거에는 부모가 더 많이 알아야 아이를 가르칠 수 있었지만, 이제는 공동 탐험자의 태도가 더 중요하기 때문입니다. 거실 한쪽에 노트북과 프린터기를 두고, "AI야, 주말 가족 여행 코스 짜 줘"라고 요청해보기 바랍니다. 추천 일정을 예산에 맞춰 수정하고, 여행 후에는 영상 편집 앱으로 기록을 공유하면 예측–행동–성찰 사이클이 자연스럽게 적용됩니다.

또 다른 예시는 스마트홈 키트 조립입니다. 아이가 센서를 배선하고, 부모가 AI 튜토리얼을 참고해 코딩을 돕습니다. 오류가 나면 실패 노트에 원인을 기록하고, 개선 아이디어를 토론합니다. '모른다 → 시도 → 이해 → 응용' 순환을 부모가 몸소 보여 주면, 아이는 실패를 두려움이 아닌 성장 데이터로 인식합니다.

마지막으로 '질문 루틴'을 생활화합니다. 냉장고에 '오늘의 질문 카드'를 붙여 '오늘 실패한 일과 배운 점'을 기록하고, 주말에는 가족 회고 시간을 갖습니다. 이러한 루틴은 아이의 메타인지를 정교하게 하며, 회복탄력성을 키웁니다. 작은 의식이 쌓이면 AI도 배움의 파트너가 되고, 집은 실험·대화·디지털이 어우러진 작은 메이커 스페이스로 변합니다.

부모: 동행자이자 촉진자로 서기

역량 중심 교육에서 부모는 앞서 가는 안내자가 아니라 옆에서 걸어 주는 동행자입니다. 아이가 AI를 능숙하게 다루는 모습을 보아도 '내가 더 많이 알아야 가르칠 수 있다'는 부담을 내려놓으시기 바랍니다. 대신 하루에 한 번, 자녀와 같은 눈높이에서 "무엇이 궁금했니?" "오늘 가장 재미있었던 실험은 무엇이었니?"와 같은 열린 질문을 던져봅니다. 이런 질문은 아이의 사고 과정을 언어로 표면화해 주며, 부모에게는 자녀의 흥미 지형을 이해할 기회를 제공합니다. AI가 제안한 정보나 풀이를 그대로 수용하지 않고 '왜 이 답이라고 생각했을까?'를 함께 탐구하면, 부모 역시 학습 파트너로 자연스럽게 자리 잡을 수 있습니다.

실천 도구로는 '오늘의 질문 카드'와 '실패 노트 회고'를 권합니다. 냉장고 문이나 현관 벽에 질문 카드를 부착해 '오늘 실패한 일과 배운 점'을 가족 모두가 매일 기록합니다. 주말에는 작은 회의처럼 모여 노트를 펼쳐 보며 실패 원인·느낀 점·다음 시도 계획을 차례로 공유합니다. 이때 부모가 먼저 자신의 실수담을 솔직히 말하면 아이는 실패를 부끄러워하지 않고 데이터로 받아들이게 됩니다. 생성형 AI가 제시한 수학 풀이를 이해하지 못했다면 "어디서 막혔니?" "다른 방법은 무엇이 있을까?"라고 물으며, 함께 다른 자료를 검색하거나 손으로 다시 계산해 보는 과정을 거칩니다. 이런 루틴은 아이에게 메타인지―'무엇을 모르고, 어떻게 알 수 있는가'―를 꾸준히 훈련시킵니다.

　작은 의식이 반복되면 아이는 실패를 두려워하기보다 실험의 일부로 인식해 회복탄력성을 키웁니다. 팀 회고 속에서 남의 의견을 경청하고, 자신의 아이디어를 보완하면서 협업 근육이 자라고, 여러 접근법을 시도하는 과정에서 창의 근육이 단련됩니다. 부모는 결과 평가자가 아닌 촉진자로서 '이번 경험에서 사회에 어떤 가치를 더할 수 있을까?', '다음 실험 목표는 무엇으로 할까?'를 함께 설계합니다. 이렇게 축적된 경험은 거센 파도 속에서도 물고기답게 자신만의 바다를 넓히는 힘이 됩니다. 결국 아이는 정답이 정해지지 않은 미래를 스스로 설계하고, 책임 있게 항해하는 탐험가로 성장합니다.

02

부모는 도대체 어떻게
해야 할까요?

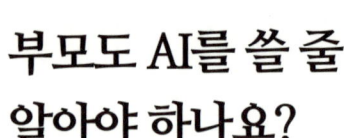

부모도 AI를 쓸 줄 알아야 하나요?

AI가 일상이 된 오늘, 부모들은 다음과 같은 질문에서 고민합니다.

"정말 내가 직접 사용해봐야 할까?"

PC 통신, 인터넷, 모바일 혁신을 거치면서 쌓인 기술 피로감은 여전히 남아 있지만, AI는 과거와 달리 곧바로 삶에 영향을 미치는 도구형 기술입니다. 그래서 겉으로만 이해하면 과신하기 쉽습니다. 부모 역시 선택적 사용자이자 안내자로서 직접 실험해 봐야 하는 이유가 여기에 있습니다.

AI 시대가 가져온 부모 세대의 딜레마

최근 주변 사람들이 주식 분석, 자료 조사, 논문 요약 등 다양한 영역에서 AI를 활용하는 사례가 빠르게 늘어나고 있습니다. AI의 빠른 확산은 기업과 개인 모두에게 기회이자 도전으로 작용하고 있습니다. 현재 10대 자녀를 둔 부모 세대는 과거 PC 통신, 인터넷, 모바일 혁신을 거치면서 기술 변화에 적응하며 생존해 온 경험을 갖고 있습니다. 하지만 그만큼 새로운 기술 트렌드에 대한 피로감과 회의감도 함께 축적되었습니다. 한때 주목받았던 IoT나 메타버스 같은 기술이 기대만큼 대중화되지 못한 경험은 기술 도입에 있어 부모 세대의 판단을 더욱 신중하게 만들었습니다.

초기 생성형 AI는 2023년경 오류와 불완전성으로 논란이 되었습니다. 하지만 현재(2025년)의 시스템은 비약적으로 발전하고 있으며 사용자 중심의 응용 가능성도 더 커졌습니다. 그럼에도 불구하고 AI는 직접 써 보며 체득해야 하는 기술입니다. 겉핥기식 이해는 오히려 오용이나 과신으로 이어질 수 있기 때문입니다.

그러다 보니 AI와 관련해 부모와 상담을 진행하다 보면 많은 부모가 AI를 대하는 관점에서 '사용한다'와 '사용하지 않는다'라는 두 가지 극단으로 고민을 모읍니다. 그리고 AI에 대한 이해가 부족하니 '사용하지 않는다'는 선택지에 무게를 싣습니다. 한쪽 마음에 '이래도 괜찮은 걸까?'라는 고민만 남겨 둔 채로 말입니다. 하지만 사용하지 않는다는 것이 거부한다는 의미를 지니는 것은 아닙니다.

사용하지 않더라도 이해는 필요하고 이해는 곧 자녀의 교육 방향을 바꾸기 때문입니다.

통제에서 자율로: 스마트폰 경험이 준 교훈

부모가 디지털 환경과 문화를 이해하지 못하면 걱정과 두려움이 먼저 다가옵니다. 아이가 나쁜 환경에서 부정적인 영향을 받을 걱정에 사용 시간을 통제하거나 콘텐츠를 차단하는 등 통제적인 방법으로 접근을 시도합니다. 당연히 이는 효과적인 규칙이 되기 어렵습니다. 부모가 나서서 기술적으로 통제하기보다 자녀가 스스로 판단하여 기준을 갖고 자율적으로 사용하는 습관을 만들어 가는 것이 좋습니다.

제가 재직하는 학교에서는 실제로 통제를 자율로 바꾸었을 때 학생들이 스스로 관리하는 힘을 기르는 모습을 볼 수 있었습니다. 학교에서 모든 아이에게 스마트폰을 손에 들고 다니게 했을 때 부모는 엄청난 두려움을 가졌습니다. 스마트폰 중독, 아이들의 지적 발달에 미치는 악영향 등 여러 부정적 사례가 부모의 불안을 자극했습니다. 실제로 이런 불안 때문에 대부분의 학교, 학원, 부모는 스마트폰을 통제하는 방식으로만 접근하고 있습니다. 하지만 통제하면 통제할수록 아이들은 부정적인 방식으로 사용하게 될 가능성이 커집니다. 결정적으로 아이들을 스마트폰으로부터 격리하는 것은 불가능합니다. 저는 학교에서 학생들에게 스마트폰 자체를 통제하기보다 스마트폰을 학습에 긍정적으로 사용할 수 있는 방법을 알려 주었습니다. 그러자 스마트폰에 대한 아이들의 인식이 달라졌습니다. 수업에서 자신의 학습에 필요한 도구로 스마트폰을 사용하면서 아이들은 스스로 관리할 수 있는 힘을 길러 갔습니다. 중독은 줄고 학습 효율은 향상되었습니다. 무엇보다 학생들의 자기 관리 역량이 성장했습니다. 이것이 가능했던 이유는 스마트폰 기술에 대한 이해가 있었기 때문입니다. 스마트폰 기술에 대한 이해가 아이들의 스마트폰 사용 방향을 부정에서 긍정으로 돌릴 수 있었습니다.

AI도 마찬가지입니다. 새로운 기술이 주류로 자리를 잡으면 한쪽에서는 온갖 부정적인 인식과 불안을 자극합니다. 하지만 AI가 빠르게 대중화되고 있는 것은 과학기술의 발전도 있지만 한편에서는 그것이 인간의 생활에 엄청나게 긍정적인 도움을 주고 있기 때문입니다. AI가 중심이 되는 디지털 세상을 이해하는 것은 자녀가 살아가는 문화를 이해하는 과정에 도움이 됩니다. 그리고 그 이해는 자녀가 자신을 잘 관리해 나갈 수 있도록 신뢰와 자율성에 기반하여 규칙을 설정하도록 도울 수 있습니다. 핵심은 기기 자체가 아니라 기술 이해와 자율 규칙의 설계입니다.

가정, 디지털 놀이터로 만들기

학교나 제도권 교육이 AI 도입을 체계적으로 준비하는 데는 시간이 걸릴 수밖에 없습니다. 따라서 가정은 기술 학습의 초기 접점이 되어야 합니다. 부모는 아이들에게 단순한 기술 소비자가 아닌 선택적 사용자이자 안내자의 역할을 수행해야 합니다. 특히 AI는 기존 기술과 달리 즉시 적용 가능성이 높고 도구적 특성이 강합니다. 그래서 가정 내에서 부모가 먼저 시도해 보며 자녀에게 보여 주는 방식이 매우 효과적입니다. 하지만 부모 입장에서 회사에서도 AI를 활용하는 것에 대해 스트레스를 받는데, 아이들의 교육 환경에 대해서는 더욱이나 큰 변화가 있을 수 있어 어떻게 알려 줘야 할지 막막하기만 합니다. 그러다 보니 학부모 세미나 등의 과정에서 AI에 대한 이야기를 꺼내면 직업군에 따라서 각양각색의 반응을 보입니다. AI를 매우 적극적으로 활용하는 직업에 계신 부모님도, AI와는 동떨어진 세상에 살아가고 계신 부모님도 모두가 막막해하는 모습을 많이 보았습니다.

학교도 기업도 기술 변화의 속도를 온전히 따라가지 못하는 시대입니다. 그렇기 때문에 가정이 아이의 기술 감수성을 키우는 디지털 놀이터가 되어야 합니다. 부모는 이제 라떼는 말이지라고 말하는 정보를 아는 사람이 아니라 함께 실험하고 배우는 동반자가 되어야 합니다. 부모 스스로 기술의 본질을 꿰뚫는 통찰력과 작더라도 실험해 보는 실행력이 중요합니다. 앞서서 AI 시대 부모는 단순한 기술 소비자가 아니라 선택적 사용자이며 안내자의 역할을 수행해야 한다고 말씀드렸습니다. 단순히 정보를 아는 사람이 아니라 아이와 함께 실행하고 배우는 동반자가 되기 위해서는 '모른다 - 시도한다 - 이해한다 - 응용한다'의 사이클을 반복해 봐야 합니다. 이 사이클의 반복은 부모를 AI 전문가로 만들기 위한 과정이 아닙니다. 모든 부모가 AI를 매우 잘 다루고 AI 능력자가 되어서 아이에게 AI 활용과 관련된 여러 지식과 경험을 전수하는 것도 좋은 모습입니다. 하지만 그렇다고 모든 부모가 AI 전문가가 될 수는 없습니다. 다만 아이에게 새로운 것을 거부하는 것이 아니라 수용하고 그것과 공존하는 태도를 보여주시기 바랍니다. 지금은 AI지만 그게 다른 것으로 얼마든지 바뀔 수 있습니다. 잘 활용하는 기술이 중요한 게 아니라 그것을 대하는 부모의 태도가 중요합니다. 아이는 AI 전문가 부모의 모습이 아니라 새로운 AI 시대에 맞게 살아가는 부모의 지혜를 기억합니다. 그리고 부모의 이 모습 안에서 아이는 기술 변화에 대한 두려움 대신 유연한 적응력과 문제 해결력을 체득하게 됩니다.

또 다른 문제는 세상의 변화 속도가 너무 빠른데 그 과정에서 아이들의 배움 방식도 변하고 있다는 사실입니다. 이제는 부모가 배우던 방식으로 아이들이 배우고 있지 않습니다. 지식 암기 수준을 평가하는 것이 과거의 시험이었다면, 오늘의 시험은 지식을 적용하고 활용하고 스스로 평가, 창조하는 역량을 확인합니다. Z세대, 알파세대에게 디지털 세상은 이미 삶의 일부가 되었고 이제 AI가 그들 세상의 중심이 되어 가고 있습니다. 아이들은 유튜브, 틱톡, 인스타그램뿐만 아니라 이제 ChatGPT로 대표되는 생성형 AI를 활용하고 있습니다. 신기술에 대해 부담감을 가지는 부모 세대와는 전혀 다른 문화를 지니고 있는 것입니다.

부모인 우리는 이미 경험으로 많은 것을 배웠습니다. 그동안 다양한 상황을 경험해 보면서 어떤 것은 수용하고 적극적으로 활용해야 할지 그리고 어떤 것은 거부하고 배척해야 할지를 직감적으로 알고 있습니다. 직감이라고 표현했지만 부모가 갖고 있는 직감은 놀랍도록 논리적이고 체계적으로 맞아떨어지는 경우가 많습니다. 그만큼 부모가 쌓아 온 경험은 가치가 있습니다. 하지만 우리 아이들은 아직 부모만큼 경험을 쌓지 못했습니다. 부모가 갖고 있는 데이터가 100이라면 아이들은 자신의 연령에 맞춰서 적게는 5, 10 정도 많게는 20, 30 정도의 데이터를 갖고 있습니다. 그런데 중요한 것은 이들이 앞으로 자신의 삶을 주체적으로 살아가기 위해서 자신들의 데이터를 쌓아야 한다는 점입니다. 그래야 지금의 부모처럼 어른이 되었을 때 자신의 삶을 직감적으로 자신에게 맞게 살아가게 됩니다. 하지만 많은 부모들이 자신이 쌓아온 경험을 토대로 결정함으로써 아이들이 자신의 데이터를 쌓을 기회를 빼앗는 경우도 많습니다. 물론 부모의 결정이 옳은 경우가 많습니다. 그동안 쌓아온 부모로서 경험이 결코 헛되지 않으니까요. 하지만 그 결정이 지금 아이에게 필요한 경험을 제공하고 있는지는 살펴볼 필요가 있습니다. 아이 스스로 실패, 시도, 재설정할 기회를 보장해야 자기 데이터를 쌓을 수 있습니다. 부모의 목표는 AI 전문가가 아니라 기술과 공존하는 태도의 모델이 되는 것이기 때문입니다.

오늘부터 할 수 있는 세 가지

🤖 가족 회의에 생성형AI 초대하기

하루 10분, 생성형 AI와 함께 가족 여행 계획을 세워 보시기 바랍니다.

🤖 자율 규칙 만들기

AI 사용 전 3가지 질문 체크리스트를 아이와 함께 공동으로 제작해 보시기 바랍니다.

🤖 실패 공유 노트 만들기

각자가 경험한 실패 사례를 가족 노트에 기록하고 교훈으로 남겨 둡니다.

AI와 함께 자라는 아이에게는 무엇이 필요한가요?

아이에게 필요한 힘은 정답이 아닙니다. 그렇다면 AI 시대 진짜 경쟁력은 무엇일까요? 2008년 개봉한 픽사 애니메이션 '월-E'를 보면 기계가 사실을 숨기지만 인간인 선장은 작은 호기심 하나로 진실을 찾아내는 장면이 나옵니다. AI가 모든 데이터를 알고 있어도 방향을 틀어 주는 건 인간의 자각이었습니다. AI는 데이터를 배우지만, 인간은 자신을 배웁니다.

작은 팀이 세상을 바꿀 수 있는 비밀

세계를 이끄는 대기업이라고 할 수 있는 구글, 아마존, 애플과 같은 회사들도 대부분 10명 안팎의 작은 팀으로 일합니다. 복잡하고 거대해 보이는 일도 결국은 작은 문제를 정의하고 해결하는 과정의 연속이기 때문입니다. 작지만 이들이 놀라운 성과를 내는 진짜 이유는 따로 있습니다. 바로 완벽한 계획이 아니라 스스로 생각하고 조절하는 힘 때문입니다. 우리는 이것을 메타인지라고 부릅니다. 메타인지는 단순히 아는 것이 아니라 내가 무엇을 알고 무엇을 모르는지를 인식하며 스스로 학습 전략, 감정 등을 점검하고 수정할 줄 아는 능력을 말합니다.

이와 같은 능력은 단순히 공부를 잘하는 데 그치지 않고 문제 해결력, 감정 조절, 대인 관계 등 아이가 살아가는 모든 장면에서 발휘됩니다. 특히 요즘 아이들의 경우 내가 하고 싶은 것이 무엇인지, 무엇을 좋아하는지 잘 모르겠다고 말하는 경우가 많이 있습니다. 부모도 내 아이가 무엇을 잘하는지, 무엇을 좋아하는지만 알았으면 좋겠다고 이야기합니다. 그런데 많은 부모가 모르겠다는 아이의 대답 앞에서 인내심을 잃어버립니다. 기다림이 아니라 선택지를 제공하고 답을 선택하도록 유도합니다. 마음이 급한 경우 직접 답을 내려주기도 합니다. 하지만 아무리 답답해도 이 순간 중요한 건 답을 주는 행위가 아닙니다. 질문을 통해서 아이가 스스로 생각해 보는 것을 돕는 게 중요합니다. 뭘 하고 싶은지 모르겠어라고 말하는 아이에게 '그럼 해 본 것 중에 덜 싫었던 게 뭐였어?', '그때 왜 재미없다고 느꼈어?'와 같이 자신이 선호하는 것과 그때 느낀 감정에 대한 이유를 스스로 탐색하는 질문이 필요합니다. 그리고 이것이 메타인지를 키울 수 있는 훈련입니다.

AI는 엄청난 정보를 빠르게 처리할 수 있습니다. 하지만 어떤 정보를 선택하고 어떤 판단을 내려야 할지는 여전히 인간이 해야 하는 몫입니다. 과거에는 많은 것을 아는 능력이 경쟁력이었지만 이제는 내가 무엇을 모르는지를 알고 그것을 채워 가는 능력이 핵심이 되었습니다. 아이가 AI처럼 정보를 잘 아는 존재가 되는 것보다는 AI를 잘 다루는 사람이 되어야 합니다. 그리고 그 과정에서 메타인지는 필수적이라고 할 수 있습니다.

메타인지는 부모의 일상 속 질문을 통해서 충분히 길러질 수 있습니다. '오늘 뭐 배웠어?'라는 질문 대신 '오늘 어떤 부분이 제일 어려웠고 왜 그랬을까?', '발표할 때 어디서 막힐 것 같아?'와 같이 아이가 스스로 사고 과정을 점검하도록 유도하는 질문이 중요합니다. 메타인지는 특별한 교육이 필요한 것이 아닙니다. 부모와의 대화 속에서 아이의 메타인지는 충분히 성장할 수 있습니다. 그리고 이런 메타인지는 불확실성을 견디는 토대가 됩니다.

정답이 사라진 교실 속 다음 선택은?

직업의 가치관이 변했습니다. 과거 공무원이 최고의 직업이었던 시절이 있었습니다. 그 시절 최고의 기준은 안정성이었습니다.

한 번 임용이 되고 나면 정년까지 안정적으로 직장 생활을 할 수 있다는 점은 모두가 바라는 부분이었습니다. 그런데 어느 순간부터 인기 직업 순위에서 공무원이 떨어지기 시작했습니다. 직업을 선택하는 기준이 안정성에서 급여, 일과 삶과의 밸런스, 자신의 적성, 조직과 개인의 비전, 조직 문화 등으로 바뀌었기 때문입니다. 그리고 그 과정에서 무엇보다 영향을 미친 건 바로 미래에 대한 불확실성입니다.

학교에서 아이들을 만나면 공부를 잘하는 아이의 선택지는 오직 하나입니다. 바로 의대입니다. 자신의 흥미와 적성이 아니라 전문가로서 가질 수 있는 직업을 선택합니다. 서울대학교에서 가장 인기가 있는 과목 중 하나는 수학입니다. 그 이유는 바로 학생들이 재수를 하기 위함이라고 합니다. 대한민국 최고의 학교라고 불리는 서울대학교에 다니고 있으면서도 의대에 가기 위해 재수를 선택합니다. 이는 고등학생, 대학생만의 이야기는 아닙니다. 우리 주변에 초등 의대반이 생기고 이미 어릴 때부터 의사가 되기 위해 준비하는 모습은 어느 순간 일상이 되었습니다. 이런 사회 현상의 원인에는 여러 가지가 있겠지만 그중 하나는 바로 불확실성 때문입니다. 평생 직장이 없어진 시대에 불확실성을 견디기 위해 평생 직업을 갖기 위한 방법을 선택합니다. 그리고 그 평생 직업의 최고는 바로 전문가입니다. 아무나 될 수 없는 의료 전문가가 되었을 때 불확실성을 줄일 수 있기 때문에 아이들은 의대를 선택합니다.

그런데 이 불확실성은 계속 커져만 갑니다. 과학기술의 발전은 시간이 갈수록 빨라지고 사회는 더 이상 예측할 수 없는 변화를 만들어 가고 있습니다. 미래가 아니라 당장 내일 어떤 일이 발생할지도 쉽게 말할 수 없게 되었습니다. 그러다 보니 미래의 행복은 미래의 행복이고 오늘의 행복은 오늘의 행복이라고 이야기합니다. 더 이상 미래의 행복을 위해 현재의 고통을 참는 것을 당연시하지 않습니다. 미래의 행복을 위해 오늘의 행복을 포기하지 않는 것입니다.

이런 모습은 학교 교실 속에서도 많이 드러납니다. 배움 과정에서 제일 중요한 것은 배움을 즐기는 태도입니다. 하지만 학생들은 학습 과정에서 빠르게 정답을 찾기 위해 노력합니다. 빨리 자신이 마주한 문제를 해결하고 싶어합니다. 풀이 과정이 완벽하지 않더라도 정답을 맞출 수 있다면 과감하게 지름길을 선택합니다. 그리고 정답을 맞추었을 때 느끼는 안정감에 만족합니다. 그러다 보니 학습 과정을 통해 배워야 하는 문제 해결 역량, 인지적 역량 등을 놓치게 됩니다. 사건과 사건의 유기적 연결고리를 익힘으로써 패턴을 보는 연습을 하는 것이 아니라 장면과 장면을 그저 단편적인 스냅사진으로 바라보게 됩니다.

그런데 불확실성이 커지는 세상에서는 정답이 존재하지 않습니다. 혹시나 정답이 존재하더라도 오늘의 정답이 내일의 정답이라는 보장이 없습니다. 결국 매일매일 서로 다른 정답을 찾아가야만 합니다. 어쩌면 죽을 때까지 정답을 찾지 못할 수도 있습니다. 그리고 답이 사라질수록 도구는 중요해집니다.

AI는 도구일까 대체물일까?

최근 대학생들 사이에 생성형 AI 서비스가 큰 인기를 끌고 있습니다. 학생들의 과제, 발표 자료 등을 너무 쉽게 만들어 주기 때문입니다. 한 대학에서는 생성형 AI를 이용해 과제를 작성하고 제출하는 학생이 50%를 넘어서 교수들의 고민이 많아졌다고 합니다. 자신의 업무를 처리하는 과정에서 일을 효율적으로 하기 위해 AI를 이용하는 것과 학습 과정에서 AI를 활용해서 과제를 하는 것은 완전히 다른 차원의 문제이기 때문입니다. 교육은 자신을 단련시키는 과정을 통해 지혜와 능력을 기릅니다. AI를 이용해 빠르게 결과물을 만들어 내는 것에만 의존하면 아이는 자신의 사고를 깊이 있게 만들고 수행을 훈련하는 과정을 생략하게 됩니다. 당연히 자신의 성장을 만들 수 없습니다. 그리고 이런 방식이 계속된다면 결국 우리 아이는 AI로 대체되는 존재가 될 수밖에 없습니다.

AI는 매우 뛰어난 기술이지만 스스로 방향과 방법을 설정하지는 않습니다. AI를 어떻게 쓰느냐는 전적으로 인간의 의도에 달려 있습니다. 따라서 AI를 활용할 때는 무엇을 위해, 어떻게 사용할 것인가라는 목적의식을 분명하게 갖는 것이 중요합니다. 기술이 나의 모든 것을 대신해 줄 수는 없습니다. 자신이 이루고자 하는 방향을 분명하게 설정하면 자신의 성장을 위한 도구로 기술을 활용할 수 있습니다. AI는 학습 속도를 높이는 것뿐만 아니라 창의적 도전 등 다양한 영역에서 자신의 잠재력을 끌어올릴 수 있습니다. 따라서 AI 사용이 자신에게 어떤 영향을 미치는지 꼭 생각해야 합니다.

부모는 이 과정에서 AI를 매개로 관계 확장 기술을 사용할 수 있습니다. AI를 활용하고 의존하는 정도가 심화될수록 사람들과의 접촉이 줄어듭니다. 마치 게임에 빠진 아이가 게임 세계에 존재하는 시간이 늘어나면서 실제 세상에서의 관계가 줄어들고 단절되는 것과 비슷한 현상입니다. 이 경우 친구들과 함께 게임을 하거나 게임을 주제로 대화를 이어 가면서 관계를 확장할 수 있습니다. AI도 마찬가지입니다. 가장 핫한 트렌드인 AI를 통해 아이들의 관계가 더욱 끈끈하게 연결될 수도 있습니다. 기술이 관계를 단절시키는 것이 아니라 넓혀 주는 도구가 될 수 있습니다.

그리고 관계의 확장은 아이가 불확실성을 견디는 힘을 길러 줍니다. 불확실성의 시간이 길어지면 아이들은 힘들어하고 포기합니다. 학습 상황에서 마주하는 문제는 어느 정도 노력했는데도 정답이 보이지 않는 경우가 있습니다. 조금만 더 버티면 되는데 자리에서 멈춰버립니다. 그리고 그렇게 포기하면 더 이상 나아갈 힘을 잃게 됩니다. 이를 위해서는 자신의 부족한 부분을 보완하고 시도와 피드백을 반복하면서 자신의 진짜 실력을 기르는 방향으로 AI를 활용해야 합니다. 기술이 나를 대체하는 것이 아니라 내가 기술을 활용해 역량을 기를 수 있는 주체임을 분명하게 인식해야 합니다. 그리고 메타인지는 그 과정을 더욱 단단하게 만들어 줍니다.

오늘부터 할 수 있는 세 가지

🤖 질문 노트 시작하기

> 아이와 대화할 때 "오늘 가장 재미없었던 순간은 언제였어? 왜 그랬을까?"와 같은 메타인지 질문 3개 만들어 보세요.

🤖 하루 10분 AI 실험 타임

> AI를 도구로 사용하고 사람이 결정하는 원칙을 체감하면서 생성형 AI로 이번 주말 산책 코스를 구성해 보기 바랍니다.

🤖 불확실성 챌린지 카드

> 가정 게시판에 '모르는 것 1가지를 써보기' 카드를 붙이고 일주일동안 각자 해결하고 학습한 과정을 공유해 봅니다.

AI 시대 부모는 아이에게 무엇을 해 줘야 하나요?

네오가 붉은 약을 삼키는 순간 영화 〈매트릭스〉는 관객에게 묻습니다.

"편안한 가짜 현실에 머물 것인가, 불확실하지만 진짜를 찾을 것인가?"

오늘 우리 아이들도 같은 기로에 서 있습니다. 클릭 몇 번이면 답을 얻는 AI 시대 아이들이 가져야 할 첫 무기는 해답(Answer)이 아니라 질문(Question)입니다. 하지만 질문만으로는 충분하지 않습니다. 아이는 스스로 경험을 설계해보고 실패와 성공의 피드백을 몸으로 겪으면서 배우는 존재입니다. 그리고 부모는 정답을 말해주는 교사가 아니라 안전기지이자 메타 질문가입니다.

질문으로 가짜 현실을 깨다

우리가 보고 듣고 느끼는 세계는 과연 진짜일까요? 이 단순하지만 뼈아픈 질문은 철학자 쇼펜하우어가 평생을 걸고 던진 질문입니다. 동시에 영화 〈매트릭스〉가 관객에게 던지는 핵심 질문이기도 합니다. 쇼펜하우어는 우리가 인식하는 세계는 모두 표상이라고 말합니다. 우리가 경험하는 현실은 순수한 실체가 아니라 인간의 인식 구조가 만들어 낸 가공의 이미지일 수 있다는 말입니다. 가장 큰 함정은 우리가 이 사실을 깨닫지 못한다는 것입니다. 쇼펜하우어는 이 부분을 가장 경계했습니다. 인간은 감각과 이성을 통해 세상을 이해한다고 착각하지만 실제로는 자신의 인식 도구가 허락하는 범위 안에서만 세상을 편집해 이해할 뿐입니다. 영화 〈매트릭스〉는 바로 이 철학적 오류를 시각화하고 있습니다. AI가 만든 시뮬레이션 속 인간들은 감각을 통해 세상을 '보고', '먹고', '사랑하고' 있지만 그 감각은 모두 조작된 신호일 뿐입니다.

영화 이야기를 조금 더 해보겠습니다. 영화 〈매트릭스〉의 주인공 네오는 처음엔 우리가 사는 것과 다를 바 없는 세계에 살고 있습니다. 그러다 어느 날 그의 일상이 해킹당한 듯 균열을 보이기 시작합니다. 그리고 이 세계가 기계들이 만들어 낸 가짜 현실, 즉 시뮬레이션임을 알게 됩니다. 네오는 이제 선택의 기로에 섭니다.

가짜지만 편안한 현실을 살 것인가 아니면 진실이지만 고통스러운 현실을 향해 나아갈 것인가를 고민합니다. 이러한 설정은 쇼펜하우어의 철학과도 기묘하게 맞닿아 있습니다. 쇼펜하우어는 칸트의 철학을 계승하면서도 철저하게 이성의 한계를 비판합니다. 인간은 결코 사물 자체를 알 수 없고, 다만 자신이 지닌 인식 틀 속에서 세상을 표상할 뿐이라고 말합니다. 그렇기에 우리가 믿는 현실은 언제든지 틀릴 수 있습니다. 영화 속 주인공 네오가 본 매트릭스는 단순한 음모론적 시나리오가 아닙니다. 우리의 인식 능력이 얼마나 기계적으로 설계되어 있는지를 은유적으로 보여주고 있습니다.

그런데 아이러니하게도 이 조작된 현실을 깨뜨리는 힘도 인간에게 있습니다. 쇼펜하우어는 이것을 의지와 직관이라고 말합니다. 영화 속 주인공 네오는 의심하고 질문하고 결국 붉은 약을 삼키는 선택을 합니다. 이 장면은 용기의 문제가 아니라 네오가 인식의 한계를 넘어선 존재로 성장하는 모습을 보여줍니다. 인간이 진실에 다가가기 위해서는 기존의 보는 방식을 부수는 철학적 각성이 필요하기 때문입니다. 오늘날 정보는 넘쳐나고 알고리즘은 우리가 무엇을 좋아하고 무엇을 생각할지를 예측합니다. 어쩌면 이 세계는 또 다른 매트릭스일 수 있습니다. 이때 부모가 아이에게 줄 수 있는 가장 큰 선물은 지식이 아니라 질문하는 능력입니다. '이 정보는 누가 만들었고, 왜 보여 주는가? 나는 왜 이것을 믿고 있는가?'라는 질문이야말로 가짜 현실을 깨뜨리는 망치입니다. 쇼펜하우어가 강조한 순수 이성의 한계를 넘어서는 길이기도 합니다. 네오가 매트릭스를 깨듯이 우리 아이들도 질문을 통해 자신만의 현실을 재구성할 수 있습니다.

그리고 이를 위해서는 아이가 새로운 세상에 대한 긍정적이고 도전적인 태도를 갖추고 있어야 합니다. AI 시대는 지금까지와는 완전히 다른 사고와 행동이 필요한 시대입니다. 무엇보다 피할 수 없는 변화입니다. 따라서 두려움이 아니라 호기심을 가지고 배우는 태도, 배우기보다 즐기는 태도로 접근하는 과정이 필요합니다. 아이가 세상에 태어나서 만나는 모든 과정은 새로운 모험입니다. 이 상황을 어떻게 인식하느냐에 따라 아이의 성장은 달라집니다. 아이가 만나는 새로운 세상에 대해 탐험할 대상으로 인식하는가? 피해야 할 대상으로 인식하는가?는 어릴 적 경험이 결정적으로 작용합니다. 그리고 그 과정에서 부모의 태도는 가장 큰 영향을 미칩니다.

경험을 디자인하는 아이

이제 지식에 집착하는 시대는 끝이 납니다. AI는 인간이 던지는 질문에 즉각적으로 답을 해 줍니다. 아이들은 몇 번의 클릭으로 모든 정보를 손쉽게 얻을 수 있습니다. 그런데 부모가 여전히 '얼마나 많이 외웠는가?', '얼마나 많이 답을 맞췄는가?'로 교육을 평가한다면 아이는 이미 필요 없는 경쟁에 묶여 버립니다. 이제 교육의 초점은 지식을 축적하는 것이 아니라 지식을 활용해 자신만의 경험을 설계하는 과정에 있습니다. 그리고 그 경험을 통해 다시 배움을 확장하는 순환고리를 만드는 것이 중요합니다. 부모는 이 전환의 출발점에서 아이가 세상을 관찰하고 스스로 도전하도록 견인하는 조력자로 자리매김해야 합니다.

서울의 한 중학교에서는 급식 잔반이 늘어나는 문제를 두고 학생들이 식판의 모양을 바꿔보는 프로젝트를 진행했습니다. 그들은 급식실을 관찰하며 잔반이 남는 구체적인 패턴을 살펴보았습니다. 그 결과 식판 안쪽에 무지개 곡선 눈금을 새긴 '무지개 식판'을 만들었습니다. 눈금이 남긴 음식량을 직관적으로 보여주자 학생들은 스스로 양을 조절하기 시작했습니다. 그 결과 잔반이 크게 줄었습니다. '무지개 식판'은 이후 시제품을 여러 차례 수정해 학교, 군부대, 해외 학교까지 확산되었습니다. 이는 교과서에서 배운 과학, 수학, 예술 등의 지식이 현실 문제 해결로 연결될 때 아이들이 얼마나 높은 몰입과 자신감을 획득하는지를 보여주는 사례입니다.

이러한 경험 설계는 학교 프로젝트에만 국한되지 않습니다. 오늘 저녁 가족 식단을 함께 기획하거나 주말 소풍의 동선을 짜보는 것도 훌륭한 연습이 됩니다. 일상 속에서 작은 선택과 실행을 반복하면서 아이는 스스로를 학습 플랫폼으로 확장해 나갑니다. AI가 제공하는 데이터와 부모가 제공하는 신뢰라는 든든한 두 날개를 갖고 아이는 자신만의 궤적을 설계하면서 성장합니다. 실패와 성공이 섞여 있는 그 궤적은 지식 암기로 얻을 수 없는 평생학습 역량의 토대가 됩니다.

경험을 디자인한다는 것은 거창한 발명품을 내놓거나 스타트업을 만드는 일만을 의미하지는 않습니다. 문제를 발견하고 해결책을 구상하고 사람들과 협력하며 결과를 검증하는 사소한 생활 실험의 전과정을 자신의 손으로 주도해 보는 것입니다. 인터넷 검색으로 끝나는 호기심이 아니라 실제 행동과 피드백을 동반해 탐구해 보는 것입니다. 아이는 이런 과정을 통해 스스로 배움의 방향과 속도를 조절하는 법을 익힙니다. 이 과정에서 실패는 데이터가 되고 성공은 다음 도전을 위한 설계 도면이 됩니다. 그리고 아이의 학습은 시험 점수가 대신할 수 없는 깊이를 얻게 됩니다.

결국 부모가 해야 할 일은 정답을 제시하거나 결과를 재단하는 것이 아니라 질문을 끌어내고 시도할 수 있는 환경을 마련해 주는 것입니다. 아이가 문제를 정의하도록 돕는 개방형 대화, 자료 조사나 시제품 제작에 필요한 소액의 지원, 실패해도 위험하지 않은 안전망이 필요합니다. 간혹 답답함과 지루함을 견디지 못해 과정에 개입해 결정을 대신하는 순간이 있는데 이때 경험 설계의 주인은 바뀌게 됩니다. 아이가 막혔을 때는 해결책보다 '어디에서 멈췄다고 느끼니? 다음엔 무엇을 바꿔볼까?'와 같은 메타 질문으로 사고의 흐름을 이어주는 편이 효과적입니다.

긍정적이고 도전적인 태도와 부모의 안전기지

그런데 아이가 이런 변화에 대해 두려움을 크게 느끼고 있다면 어떻게 해야 할까요? 두려움을 줄이는 가장 좋은 방법은 부모와 함께 경험하는 것입니다. AI 기술을 예로 들어보겠습니다. AI 기술은 새로운 도구입니다. 그리고 그 도구를 사용하는 주체는 바로 사람입니다. 사람은 새로운 도구에 어떤 태도를 가지느냐에 따라 성장의 방향이 결정됩니다.

인터넷과 스마트폰에 대한 태도에서도 우리는 같은 경험을 해봤습니다. 그 변화의 흐름을 빠르게 인식하고 긍정적 활동에 초점을 둔 사람들은 세상의 중심에 서게 되었습니다. 두려움은 오히려 부정적인 방향으로 끌고 가며 변화에 뒤처지게 만들고 그것은 다시 부정적인 태도를 만들어 냅니다. 반대로 변화를 받아들이는 사람은 '어떻게 하면 AI를 성장의 도구로 잘 활용할 수 있을까?'라는 생각을 하게 됩니다. 이런 태도가 새로운 아이디어를 만들고 생각은 현실이 됩니다.

그렇기에 부모가 먼저 AI 도구를 활용해 보면서 긍정적인 효과를 만들어보고 아이와 함께 경험하는 과정이 필요합니다. 부모의 모습을 보고 아이 또한 두려움이 아니라 새로운 도구를 세상에 대한 탐험으로 인식하기 때문입니다. 부모의 태도는 아이에게 큰 영향을 미칩니다. 존 볼비(John Bowlby)는 '애착이론'에서 아이가 세상을 마음껏 탐험하고 언제든 돌아올 수 있는 안전기지로서 부모의 역할이 매우 중요하다고 강조했습니다. 부모의 존재와 지지가 아이의 탐험과 도전을 더 자극시킵니다. AI라는 새로운 세상의 탐험에서도 부모가 안전기지의 역할을 하는 것은 매우 중요합니다.

새로운 세상에 대한 탐험은 아이의 성향에 따라 조금씩 다르게 나타날 수 있습니다. 지적인 탐구를 좋아하거나 활동적인 아이는 부모와 상관없이 스스로의 욕구에 따라 경험하고 싶어합니다. 이러한 아이들은 마음껏 탐구하게 하되 적절한 가이드라인을 제공해주어야 합니다. 반대로 사회적 규칙을 잘 지키거나 관계를 중요하게 생각하는 아이들은 조심스러움이 많습니다. 이때 부모는 지지와 자극 그리고 아이와 함께하는 경험을 제공해야 합니다.

직업의 형태와 학습의 방식은 빠르게 변화하고 있습니다. 고정된 지식보다도 인공지능 도구의 활용이 큰 경쟁력이 되었습니다. 긍정적이고 도전적인 태도는 이러한 변화와 예측불가능한 불확실성의 시대에 지속적인 성장과 회복 탄력성을 높이는 중요한 요소입니다. AI는 탐험의 도구일 뿐이고 그 탐험을 하는 주체는 사람이고 태도입니다. 그리고 그 과정에서 두려움을 없애는 가장 좋은 약은 부모의 긍정적인 태도입니다. 아이의 마음에 도전하려는 동기를 만들고 도전에 힘을 실어주는 것은 부모의 지지입니다. 아이가 세상을 배워 나가는 시기에 가장 중요한 삶의 도구에 거부감을 갖지 않고 자기 능력으로 만들어 갈 수 있도록 부모로서의 역할이 필요합니다.

오늘부터 할 수 있는 세 가지

🤖 AI 탐험가 미션북

생성형 AI에게 '우리 동네 5,000원으로 가능한 신기한 체험'을 묻고, 사람이 최종 코스를 선택해 주말에 실행해 보기 바랍니다. AI를 아이디어 뱅크로 활용하되 결정권은 인간에게 있음을 체감합니다.

🤖 질문 바통 릴레이

식탁 위에 메모지를 두고 오늘 작성한 질문을 다음 사람에게 바통처럼 넘깁니다. 받은 사람은 답을 쓰는 대신 새 질문을 덧붙여 릴레이를 이어갑니다.

🤖 실패 자랑 전시장

냉장고에 '이번 주 가장 멋진 실패 포스트잇'을 붙입니다. 규칙은 단 하나입니다. 실패 뒤에 얻은 교훈을 꼭 함께 적는 것입니다. 일요일 저녁 모두 함께 읽고 박수를 치면 선순환 문화가 형성됩니다.

아이가 저보다 AI를 더 잘 활용하는데 부모의 역할은 줄어들까요?

AI는 아이에게 눈 깜짝할 새 정답을 건넵니다. 하지만 정답만으로는 세계를 이해할 수 없습니다. 확률적 앵무새가 골라주는 정보 속에서 길을 잃지 않으려면 '왜 이 답이 나왔을까?'라는 질문이 필요합니다. 그리고 그 질문을 생각하게 하는 건 속도에 맞춰 기다려주는 부모의 믿음과 온기입니다. 속도와 온기가 교차하는 자리에서 아이는 AI를 넘어서는 통찰을 배웁니다.

질문으로 정보의 울림통을 깨다

우리 아이들은 AI와 함께 자라는 세대입니다. 스마트폰 하나로 수많은 정보와 영상을 접하고 유튜브와 SNS는 아이가 좋아할 만한 콘텐츠를 매일같이 쏟아냅니다. 그 중심에는 AI 추천 시스템이 있습니다. 이 시스템은 단순히 좋은 정보를 주는 것이 아닙니다. 내가 과거에 클릭하고 좋아했던 것을 기준으로 비슷한 내용을 계속 보여주는 구조입니다. 이게 바로 AI가 확률적 앵무새라고 불리는 이유입니다. AI는 사람처럼 생각하거나 판단하지 않습니다. 그저 수많은 데이터를 보고 어떤 말을 하면 사람들이 더 반응할지를 계산해서 말하는 기계일 뿐입니다. 마치 앵무새가 인간의 말을 흉내 내듯이 AI는 과거의 말을 통계적으로 조합해서 되풀이합니다. 그리고 그 결과가 때로는 편향과 왜곡으로 이어지기도 합니다. 그 이유는 사람의 뇌에도 확증 편향이라는 기본 설정이 있기 때문입니다. 우리는 본능적으로 내가 믿고 싶은 것, 보고 싶은 것에 끌리게 되어 있습니다. 내 생각을 반박하는 정보는 불편하게 느껴지고 자연스럽게 피하게 됩니다. 문제는 AI가 이 편향을 파악하고 내가 원하는 이야기만 골라서 보여주는 데 특화되어 있다는 점입니다. 결국 다양한 시각은 점점 사라지고 한쪽 관점만 커지는 정보의 울림통 속에 갇히기 쉬워집니다.

이런 구조가 실제 사회적 비극으로 이어진 사례도 있습니다. 2018년 미얀마에서는 페이스북의 AI 알고리즘이 분노와 혐오를 자극하는 글을 반복적으로 노출했습니다. 그 결과 소수민족을 향한 혐오 발언이 폭발적으로 퍼졌고 실제 물리적 폭력 사태로까지 이어졌습니다. 이 일은 AI가 어떤 악의적인 의도를 가졌기 때문에 발생한 일이 아니었습니다. 단지 사람들이 더 많이 반응하는 정보를 중심으로 콘텐츠를 배치했기 때문입니다. 그러나 그런 확률적 선택이 결국 사람들의 감정을 자극했고 공동체를 분열시키는 데 기여했습니다.

그렇기 때문에 이 시대를 살아가는 우리에게는 질문하는 능력이 더욱 중요해졌습니다. AI의 역할과 부모의 역할은 다릅니다. 부모는 아이에게 정답을 가르치기보다 좋은 질문을 던져야 합니다. 예를 들어 아이가 유튜브 영상을 보다가 '이거 재밌어!'라고 말한다면 '왜 이 영상이 너한테 추천됐을까? 다른 관점은 어떤 것이 있을까?'와 같은 질문을 함께 나눠 보는 게 필요합니다. 또한 SNS에서 본 뉴스에 대해 함께 출처를 찾아보거나 반대 의견을 가진 글을 비교해 보는 것도 좋은 방법입니다. 이 과정 자체가 아이에게 정보를 비판적으로 보는 힘, 즉 AI 시대의 윤리적 면역 체계를 키워 주기 때문입니다.

또한 부모는 아이가 AI라는 도구를 어떤 의도를 가지고 쓰는지 그리고 제대로 쓰고 있는지에 대한 생각을 계속할 수 있도록 도와주어야 합니다. 학습 과정이나 일상에서 AI를 어떻게 쓰고 있는지를 물어보고 대화를 나누며 그 과정을 돌아봐야 합니다. 부모가 기술을 가르치지 않아도 괜찮습니다. 다만 아이가 기술을 어떤 의도와 가치로 사용하고 있는지를 함께 물어봐 주는 존재로 곁에 있어야 합니다.

속도와 성장의 간극 – 믿음, 기다림, 균형

학습은 지난한 과정입니다. 새로운 개념을 이해하려다 막히기도 하고 성적이 기대한 만큼 오르지 않아 의욕을 잃기도 합니다. 여기서 필요한 것은 부모의 믿음 스위치입니다. 부모의 믿음 스위치가 켜지면 아이는 다시 시도할 에너지를 얻습니다. 스탠퍼드 심리학 교수인 캐럴 드웩은 누구나 경험과 노력을 통해 성장하고 변화할 수 있다고 믿는 것이 중요하다고 말합니다. 이것은 성장 마인드셋입니다. 그리고 지금 못하더라도 노력하면 가능하다는 태도는 부모의 신뢰와 관심을 통해 강화됩니다. AI가 아무리 정교하게 학습 피드백을 제공해도 아이가 스스로를 믿지 못하면 그 피드백은 교과서 속 글자에 머물 뿐 행동으로 이어지지 않습니다.

실제 교육 현장에서 부모의 작은 행동이 아이의 학습 지속력을 바꾼 사례는 무척 흔합니다. 시험 기간 새벽까지 공부하는 고등학생에게 엄마가 아침에 차려 준 따뜻한 미역국 한 그릇은 단순한 영양 공급을 넘어 '너의 노력을 알고 지켜보고 있다'는 메시지를 전달합니다. 부모가 아이에게 '오늘 무엇을 새로 배웠니?'와 같은 열린 질문을 꾸준히 던질 때 아이의 학업 수준과 자기 효능감이 상승한다는 연구 결과도 있습니다. AI 챗봇이 하루 24시간 대기해도 이런 정서적 동행은 부모의 음성과 눈빛을 대체할 수 없습니다.

AI는 매우 빠릅니다. AI는 기다려 주지 않습니다. 즉각적이고 즉시적입니다. 그래서 부모는 아이가 AI에게 과도하게 의존하지 않도록 균형을 잡아 주고 관리해 주는 역할을 해야 합니다. 기술을 능숙하게 다루는 아이일수록 스스로 생각하기보다 AI에게 묻고 따르는 경향을 보이게 됩니다. 이는 아이가 갖춰야 하는 자기주도성과 비판적 사고를 약화시킬 수 있습니다. 아이가 얼마나 스스로 문제를 해결하고 있는지, AI가 아닌 자신의 사고와 경험을 통해 배우고 있는지를 확인하는 것이 필요합니다. 심지어는 수학을 잘하는 아이조차도 결과를 빠르게 얻는 것에만 집중할 때 생성형 AI에게 답을 물어봅니다. 이럴 때 부모는 어떤 사고 과정을 거쳐 이 결론에 이르게 되었는지, 이 방식이 어떤 점에서 효율적인지 등 아이의 사고를 자극할 수 있는 질문을 던져야 합니다. 그래야 AI를 넘어서는 학습으로 이끌어 낼 수 있습니다.

그런데 이 과정에서 부모가 조바심을 내면 아이는 실패를 회피하고 학습 곡선은 오히려 완만해질 수 있습니다. AI의 계산 속도와 아이의 성장 속도는 차원이 다릅니다. 기계 학습에서 훈련 데이터셋 전체를 모델에 한 번 학습시키는 과정인 에포크(epoch)는 수 초 만에 지나가지만 아이 학습의 에포크는 며칠, 몇 달이 걸릴 수도 있습니다. 기다림은 부모가 아이에게 줄 수 있는 가장 인간적인 배려이자 AI 시대에 더 빛나는 교육 자산입니다. "괜찮아, 과정이 중요해"라는 말과 함께 기다려 주면 아이는 실수를 데이터 삼아 다음 시도를 설계합니다.

도구를 넘어 가치로

기술을 잘 다룬다고 해서 삶의 방향까지 잘 설정하는 지혜를 갖추고 있는 것은 아닙니다. 아이들이 AI를 자유자재로 사용하는 모습은 놀라울 정도지만 기술은 도구에 불과합니다. 목적과 방향은 인간이 설정해야 하는데 이는 아직 가치관과 판단력이 완성되지 않은 청소년에게는 특히 어려운 일입니다. 부모는 아이가 AI를 통해 무엇을 하려는지 그리고 어떤 가치를 추구하려는지를 함께 고민해 줘야 합니다. AI는 훌륭한 도구이지만 판단과 책임은 인간의 몫이기 때문입니다. AI가 문제를 정확하게 계산하고 빠르게 분석할 수 있지만 무엇이 옳은 선택인지는 도구를 사용하는 사람이 결정해야 합니다. 아이가 AI를 통해 얻은 결과가 타인에게 미치는 영향이나 윤리적 판단을 고려하고 있는지는 부모의 시선과 대화를 통해 점검할 수 있습니다. AI는 스스로 옳고 그름을 판단하지 않습니다. AI는 윤리를 배우지도 인간처럼 후회하지도 않습니다. 그렇기 때문에 이 시대를 살아가는 우리에게는 질문하는 능력이 더욱 중요해졌습니다. 내가 보는 정보가 왜 내게 보이는지, 내가 믿는 생각은 어떤 근거로 형성되었는지를 한 번 더 점검하는 습관이 필요합니다.

하지만 이러한 능력은 학습 여정의 절반에 불과합니다. 남은 절반은 '해 볼 만하다'는 확신과 '계속해 보라'는 격려입니다. 이는 AI가 제공할 수 없는 정서적 자원입니다. 인간관계와 정서적 감수성은 AI가 대신할 수 없는 영역입니다. AI는 정보를 제공하지만 공감하거나 위로해 주지는 못합니다. 아이가 AI와 소통을 즐긴다고 해도 결국 사람과 사람 사이에서 길러지는 공감력과 관계 맺는 능력은 인간과의 상호작용에만 길러질 수 있습니다. AI 시대에 또 하나의 중요한 능력으로 주목받는 것이 회복탄력성입니다. 회복탄력성은 어려움을 극복해 내고 스스로 회복할 수 있는 힘을 말합니다. 학습에서나 일에서 기술을 활용하여 스스로 해내야 하는 일이 많아질수록 이 내면의 힘은 더욱 중요합니다. 이러한 정서적 힘은 아이의 성장 과정에서 부모와의 관계를 통해 길러질 수 있는 요소입니다. 부모는 아이가 인간관계 안에서 정서적으로 건강하게 성장할 수 있도록 지속적으로 연결을 만들고 지지하는 역할을 해야 합니다.

AI를 능숙하게 다루는 아이들이 점점 늘어나고 있습니다. 하지만 기술 사용의 능숙함이 곧 삶의 방향을 설정하는 지혜를 의미하지는 않습니다. AI는 효율적인 도구일 뿐, 그것을 어떻게, 왜 사용하는지는 여전히 인간의 몫입니다. 부모는 기술을 가르치기보다 아이가 기술을 어떤 의도와 가치로 사용하는지를 함께 되돌아보며 대화하고 성찰할 수 있도록 도와야 합니다. 또한 정서적 감수성과 회복탄력성, 인간관계 능력은 AI가 대신해 줄 수 없는 부분입니다. 이는 부모와의 관계를 통해서만 성장할 수 있습니다. AI 시대에도 부모의 역할은 줄어들지 않습니다. 더 깊고 본질적인 방식으로 진화합니다.

오늘부터 할 수 있는 세 가지

질문 릴레이 노트

가족 공책에 한 줄씩 "왜 추천됐을까?", "다른 관점은?" 같은 질문을 적고 다음 사람이 답 대신 새 질문을 덧붙여 봅니다.

기다림 타이머 48h

아이가 "AI에게 물어볼까"라는 말을 할 때 즉시 답을 내리는 대신 '48시간 동안 스스로 풀어 보고 다시 이야기하자'라고 제안해 봅니다.

가치 나침반 대화

주 1회 AI로 만든 결과물을 가져와서 '이 선택이 타인에게 어떤 영향을 줄까?', '우리가 지키고 싶은 가치는?'에 대해 함께 생각해 봅니다.

아이가 스스로 결정할 때 부모는 얼마나 개입해야 해요?

AI가 순식간에 답을 제시하는 시대에 부모는 얼마나 개입해야 할까라는 고민 앞에 섭니다. 정답을 주입하던 교육 방식은 알파고 제로처럼 스스로 배우는 시스템으로 넘어갔습니다. 이제 아이는 질문, 시행착오, 책임의 순환에서 성장합니다. 부모가 해야 할 일은 길을 정해 주는 파일럿이 아니라 나침반이 제대로 작동하는지 살펴보는 항로 감독관입니다.

시행착오가 만드는 진짜 학습

세상이 변하고 있다는 것을 가장 극적으로 보여주는 것은 다름 아닌 AI의 진화 과정입니다. 처음에 사람들은 AI에게 정보를 많이 넣어주면 그들이 스스로 똑똑해질 거라 생각했습니다. 그래서 인간의 지식을 충실하게 주입했습니다. 하지만 AI의 성능은 그렇게 눈에 띄게 나아지지 않았습니다. 전환점은 2012년 제프리 힌튼 교수가 새로운 방식의 학습을 제안하면서 찾아왔습니다. 그는 데이터만 충분하다면 인간이 세세하게 규칙을 짜지 않더라도 기계가 스스로 복잡한 개념을 배울 수 있다고 이야기했습니다. 그리고 2016년 알파고는 인간 최고의 바둑 기사 이세돌을 꺾었습니다. 이때 전 세계는 큰 충격을 받았습니다. AI가 수많은 인간 바둑 기보를 학습해 최적의 수를 선택했기 때문입니다. 하지만 진짜 놀라운 건 그다음 해에 등장한 알파고 제로였습니다.

알파고 제로는 인간이 만든 데이터를 단 하나도 보지 않았습니다. 단지 바둑의 룰만 입력받았습니다. 스스로 수십만 번의 대국을 반복하면서 시행착오 끝에 바둑을 정복했습니다. 우리가 생각하는 교육의 개념을 완전히 뒤흔드는 사건이었습니다. 이 알파고 제로는 지금의 아이들과 닮아 있습니다. 주입된 정보가 아니라 시행착오와 탐색을 통해 스스로 학습하고 성장합니다. 실패를 두려워하지 않고 오히려 그것을 통해 전략을 고도화해 나가는 구조, 다시 말하면 스스로 배우고 실수하고 다시 배우는 시스템이 바로 성장의 본질이라는 사실을 AI가 증명해 낸 것입니다.

성장하는 아이들에게는 결정 자체보다 결정의 경험이 더 중요합니다. 경험 속에서 실수와 후회를 겪으며 판단의 기준이 더 정교해지고 결정의 질도 높아집니다. 그리고 그 결정의 경험이 곧 학습의 과정입니다. 마치 알파고 제로와 같이 다양한 상황에서 여러 가지 조건을 고려하여 선택하고 결과를 비교해 보면서 더 나은 선택을 위한 경험을 학습합니다. 그래서 이쯤 되면 우리는 생각을 바꿔야 합니다. 아이들에게 끊임없이 정답을 알려주는 것이 진짜 교육일까요? 아니면 아이 스스로 질문을 던지고 실패하며 배우도록 기다려 주는 것이 진짜 교육일까요? 아마도 이제 부모의 역할은 지시자가 아니라 설계자여야 할 지도 모릅니다. 아이가 충분히 실패할 수 있는 환경, 스스로 질문할 수 있는 여유, 다시 도전할 수 있는 시간 그리고 그런 조건을 만들어 주는 사람이 바로 부모입니다.

부모의 개입은 기준과 기다림

아이에게 결정권을 넘겨주는 순간 부모는 불안해집니다. 하지만 확실한 건 AI가 아무리 똑똑해져도 마지막 선택의 버튼은 여전히 인간의 몫입니다. 우리 아이들은 앞으로 지금보다 훨씬 복잡하고 빠른 의사 결정 환경에 놓일 것입니다. 그러니 부모가 직접 결정을 대신해 주기보다 아이 스스로 결정할 수 있는 근육을 키우도록 옆에서 기준을 점검해 주는 역할로 전환해야 합니다.

첫째, 결정 과정에는 개입하지 않고 아이가 스스로 결과에 대해 책임지도록 하는 게 필요합니다. 예를 들어서 학교 방과 후 수업을 선택하거나 동아리 활동을 고민할 때, 방학 목표를 어떻게 잡을지에 대해서는 아이가 스스로 탐색하도록 해야 합니다. 이때 부모가 해야 할 일은 '왜 그 선택을 했어? 다른 대안은 검토해 봤니?'와 같이 질문함으로써 아이가 과정을 설명하면서 스스로 생각을 정리하도록 돕는 것입니다. 이렇게 하면 아이는 결정이 주는 자유와 동시에 책임감을 체감하게 됩니다.

둘째, 기준 점검 단계에서만큼은 부모의 적극적인 관여가 필요합니다. 결정 과정에서 기준은 나침반입니다. 나침반이 부정확하면 방향이 틀어집니다. 아이들에게 다음 세 가지를 스스로 확인하도록 지도해 주시기 바랍니다. 첫째는 신뢰성입니다. 신뢰성은 정보가 사실에 근거하고 출처, 작성자, 제공 기관을 확인할 수 있어서 오류나 조작 가능성이 낮은 정도를 이야기합니다. 출처가 명시된 정보인지, 전문성과 권위를 인정할 만한 것인지, 최근성과 객관성을 갖추고 있는지를 확인하는 게 필요합니다. 둘째는 타당성입니다. 타당성은 정보가 목적이나 주장과 논리적으로 연결되어 있으며 제시된 자료, 통계, 사례가 주장을 뒷받침하는 정도를 말합니다. 논리적인 인과관계를 살펴보고 자료가 충분하고 적절한지, 그리고 통계, 실험 설계가 적합한지를 확인합니다. 셋째는 공정성입니다. 공정성은 정보가 특정 집단, 관점에 편향되지 않고 다양한 시각을 균형 있게 다루고 있으면서 차별, 왜곡이 없는 정도를 말합니다. 편향과 차별 표현 여부를 살펴보고 이해관계가 어떠한지를 보며 반론과 대안이 제시되고 있는지 등을 확인하는 게 필요합니다. 이런 기준 점검이 습관화되면 아이는 복잡한 상황에서도 흔들리지 않는 결정 기준을 만들 수 있습니다.

셋째, 실전 훈련이 필요합니다. 예를 들어서 새 핸드폰을 구입할 때 사양, 가격, 수명 등 우선순위를 직접 정해 보도록 합니다.

부모는 '왜 배터리 성능은 1순위로 두었어?'라고 기준을 파고드는 질문만 던집니다. 아이가 기준을 근거로 수정·보완하는 과정을 거치게 되면 결과가 마음에 들지 않더라도 '다음에는 어떤 정보를 더 볼까?'라며 학습 사이클을 이어갈 수 있습니다. 아이들에게 필요한 것은 문제를 스스로 풀어가는 힘입니다. 그것은 단순히 성적을 잘 받는 능력이 아니라 문제 해결력, 자기 주도성, 창의성 그리고 감정을 조율하며 협업할 수 있는 공감력입니다. 이 모든 것은 잔소리로는 키워질 수 없습니다. 오히려 기다림과 신뢰 그리고 실패를 존중하는 태도에서 자라납니다.

결정 경험이 키우는 책임과 정체성

아이가 스스로 결정하고 싶어한다는 것은 삶에서 자기 주도성이 성장하고 있다는 신호입니다. 그런데 아이는 스스로 결정하고 싶어하면서도 결정에 대한 두려움을 갖습니다. 이때 부모가 그 생각을 지지하고 격려해 주면서 함께 고민하고 좀 더 정확하게 판단할 수 있도록 도움을 주는 과정이 필요합니다. 또한 실행 과정에서 부족한 부분을 함께 채워 주면서 스스로 어려움을 극복해 내고 성취 경험을 얻도록 조력자 역할을 해야 합니다. 실패를 통해 성장한 경험과 나의 힘으로 만들어낸 작은 성공 경험들이 아이의 효능감을 키우기 때문입니다.

자신이 선택하고 행동하며 자신의 삶을 만들어 가는 경험은 청소년기 자아정체감 형성에 핵심적인 요인으로 작용합니다. 스스로 결정하는 것을 통해 아이는 내 삶의 주인이 나라는 감각을 기를 수 있습니다. 그리고 자기 결정을 통해 자신의 행동에 책임을 지는 태도도 길러지게 됩니다. 이때 부모가 지지하지 않으면 아이는 자기 판단력을 의심하게 됩니다. 그리고 결정에 주저하거나 외부의 평가에 더 많은 신경을 쓰게 됩니다.

그래서 다소 부족해 보이더라도 부모는 아이의 선택과 행동을 믿고 지지해 주는 것이 좋습니다. 부모가 이런 태도를 보일 때 아이는 자기 내면의 힘을 신뢰하게 되고 이는 심리적 독립으로 이어져 장기적으로 진로 선택, 인간관계뿐만 아니라 위기 상황에서 주체적으로 결정하고 대응하는 능력으로 나타납니다. 스스로 결정하고 싶어 하는 때는 심리적 독립과 자아정체감 형성의 중요한 기회입니다.

결정하는 힘은 자기 선택에 대해 책임을 지는 것에서 나옵니다. 자기 주도성은 선택을 넘어 선택한 것을 책임지는 과정에서 길러집니다. 어떤 선택으로 인해 벌어지는 결과를 보면서 그것을 받아들이거나 새로운 문제를 스스로 해결해 가는 과정을 경험하게 됩니다. 이렇게 책임지는 경험이 다시 스스로의 결정을 더 정교하게 만듭니다. 부모는 선택해 주거나 책임을 져줄 수 없습니다. 선택과 책임을 잘할 수 있도록 질문할 뿐입니다. 정보 탐색, 관점 정리, 우선순위 판단 같은 선택과 실행 과정에서 구체적인 질문과 대화를 통해 아이가 스스로 생각하고 실행할 수 있는 힘을 기르도록 도와야 합니다.

무엇보다도 아이는 결정을 존중받았다는 경험 자체에서 자율성이 강화됩니다. 아이가 선택한 다음 다른 결과가 나와도 '괜찮아, 좋은 기준으로 판단했으니 가치 있는 경험이야'라고 격려해 주시기 바랍니다. 부모는 길을 대신 정해 주는 파일럿이 아닙니다. 나침반이 정확히 작동하는지 주기적으로 확인해 주는 항로 감독관이 되어야 합니다. 그래야 AI의 정보력과 부모의 기준 점검이 만나 아이가 흔들림 없는 의사 결정자로 성장할 수 있습니다.

결정하는 힘도 근육처럼 키워야 합니다. 마치 지속적인 훈련을 통해 근육의 힘이 단단해지는 것처럼 큰 일부터 작은 일까지 결정해 보고 실행하는 경험을 통해 심리적인 힘이 길러집니다. 실수도 결정의 일부이며 부모는 그 과정을 함께하는 동반자입니다. 자기결정력과 논리적 판단력은 변화하는 시대에 꼭 필요한 능력이고 이것은 스스로 결정하는 경험을 통해 길러질 수 있습니다.

오늘부터 할 수 있는 세 가지

왜? 다이얼로그 3분

유튜브, SNS 추천 영상마다 "왜 이게 떴을까?", "다른 관점은?"을 함께 질문해 봅니다.

결정 노트 & 기준 체크

이번 주 하나의 선택을 아이가 기록해보고 신뢰성, 타당성, 공정성 3가지 항목을 스스로 점검해 봅니다.

실패 리플레이 데이

일주일 동안 잘 안 된 결정을 놓고 '무엇을 배우고 다음엔 어떻게 바꿀까?'를 가족이 돌아가면서 공유합니다.

인사이트 2

부모를 위한 AI 원데이 클래스
- AI에 대해 알고 싶다

AI의 역사와 진화: 70년간의 여정

인공지능(AI)의 역사를 살펴보는 것은 단순히 기술의 발전을 추적하는 것이 아닙니다. 이는 인간이 어떻게 학습하고 사고하는지에 대한 깊은 통찰을 제공하며 우리가 만들어낸 기계가 어떻게 인간과 같은 지능을 갖게 되었는지를 보여줍니다.

거의 70년에 가까운 AI의 여정은 인간의 끝없는 도전 정신과 기술적 혁신의 결과물입니다. 초기에는 단순히 인간이 시키는 일만 수행하는 기계에 불과했던 것이 이제는 스스로 판단하고 생각하며 인간처럼 보고 말하는 놀라운 존재로 진화했습니다. 이러한 변화의 과정을 이해하는 것은 현재 우리가 직면한 AI 시대를 제대로 파악하고 미래를 준비하는데 필수적입니다.

AI의 탄생과 초기 발전 (1950~1980년대)

1956년은 인공지능 역사에서 기념비적인 해입니다. 이 해 다트머스 대학에서 열린 회의에서 'Artificial Intelligence'라는 용어가 공식적으로 사용되었기 때문입니다. 이는 인간의 지능을 기계로 구현하겠다는 야심찬 목표가 학문적 분야로 정립된 순간으로 단순한 명명 이상의 의미를 가집니다. 당시 연구자들은 인간의 사고 과정을 논리적 규칙으로 표현할 수 있다면 기계도 인간처럼 사고할 수 있을 것이라고 믿었습니다.

그리고 1958년 인간의 뇌를 모방한 신경망 구조가 처음 설계되었습니다. 프랑크 로젠블라트(Frank Rosenblatt)의 퍼셉트론(Perceptron)입니다. 이는 뉴런 간의 연결을 수학적으로 모델링한 혁신적인 시도였습니다. 하지만 이 초기 모델은 스스로 복잡한 분류를 수행하지 못하는 한계를 드러냈습니다. 단순한 선형 분류는 가능했지만 실제 세계의 복잡한 문제를 해결하기에는 역부족이었습니다.

이후 1980년대 중반까지 AI는 주로 규칙 기반 시스템에 의존했습니다. 전문가들은 지식을 if-then 형태의 규칙으로 변환하여 기계에 입력하는 방식을 사용했습니다. 하지만 1986년경 이 방식은 근본적 한계를 명확하게 드러냅니다. 현실 세계는 너무나 복잡하고 예외 상황이 많아서 모든 경우의 수를 규칙적으로 정의하는 것은 사실상 불가능했습니다. 인간의 직관과 경험에 기반한 판단을 단순한 논리 규칙으로 표현하기에는 한계가 있었습니다.

딥러닝 혁명의 시작 (1980~2010년대)

이 한계를 돌파하기 위해 제프리 힌튼(Geoffrey Hinton) 교수는 혁신적인 아이디어를 제안했습니다. 바로 딥러닝입니다. 이는 대량으로 데이터를 학습하여 스스로 패턴을 찾아내는 구조입니다. 규칙을 미리 정해주는 것이 아니라 기계가 데이터로부터 직접 학습하도록 하는 것입니다. 이는 인간이 경험을 통해 학습하는 방식과 매우 유사했습니다.

하지만 당시의 기술적 환경은 이 획기적인 아이디어를 실현하기에 충분하지 못했습니다. 필요한 연산을 수행할 컴퓨터의 성능이 부족했고 메모리 용량도 작았습니다. 무엇보다 학습에 필요한 대량의 데이터가 없었습니다. 인터넷이 충분히 발달하지 않았고 스마트폰도 없던 시절이라 이미지, 음성, 텍스트 데이터를 대량으로 수집하기 어려웠습니다.

전환점은 2012년에 찾아왔습니다. 이미지넷(ImageNet) 대회에서 딥러닝 모델이 기존의 모든 알고리즘을 압도하는 성능을 보여준 것입니다. 알렉스넷(AlexNet)이라 불린 이 모델은 이미지 분류에서 인간 수준에 근접하는 정확도를 달성했습니다. 이는 AI 역사상 획기적인 순간이었습니다. 기계가 처음으로 인간이 보는 것처럼 이미지를 인식하고 분류할 수 있게 되었기 때문입니다.

이 성공은 몇 가지 요인이 결합된 결과였습니다. GPU의 발전으로 대규모 병렬 연산이 가능해졌고 인터넷의 확산으로 대량의 이미지 데이터를 수집할 수 있게 되었습니다. 그리고 더욱 정교화된 딥러닝 알고리즘도 한 몫을 했습니다.

자연어 처리의 혁신 (2015~2020년대)

하지만 여전히 언어를 다루는 것은 이미지 처리보다 훨씬 어려운 과제였습니다. 주된 문제는 길이가 긴 문장에서 맥락을 기억하지 못하는 것이었습니다. 기존의 모델들은 문장의 앞부분을 처리하다가 뒷부분에서는 앞의 내용을 잊어버리는 문제를 보였습니다. 이를 해결하기 위해 2015년 연구자들은 LSTM(Long Short-Term Memory)과 같은 구조를 개발했습니다. 이는 자연어 처리 분야에서 중요한 진전이 됩니다. LSTM은 긴 문장에서도 중요한 맥락과 단어를 기억할 수 있도록 설계된 알고리즘이기 때문입니다. 마치 인간이 긴 문장을 읽을 때 앞의 내용을 기억하면서 뒤의 내용을 이해하는 것과 같은 원리입니다.

2018년 OpenAI에서 GPT(Generative Pre-trained Transformer) 구조를 발표하면서 자연어 처리 역사는 또 다른 전환점을 맞이합니다. 이들은 충분히 큰 모델과 대량의 텍스트 데이터를 사용하면 인간처럼 자연스럽게 말하는 AI를 만들 수 있을 것이라 믿었습니다. 초기 GPT 모델은 놀라운 성능을 보여주었습니다. 주어진 문맥에 따라 자연스러운 문장을 생성할 수 있었습니다. 하지만 질문의 의도를 제대로 파악하지 못하거나 때로는 그럴듯하지만 틀린 정보를 생성하는 환각 현상이 나타났습니다. 이후 Open AI는 계속해서 모델의 크기를 키우고 더 많은 데이터로 학습을 진행시켜 GPT-3를 개발했습니다. 하지만 여전히 사람과 자연스럽게 대화하려면 단순히 텍스트를 생성하는 것 이상의 능력이 필요했습니다.

그리고 2022년 11월, 세상에 ChatGPT가 공개되었습니다. ChatGPT 공개는 전 세계에 충격을 가져왔습니다. 일반 대중이 처음으로 AI와 자연스럽게 대화를 나눌 수 있게 되었기 때문입니다. 이는 단순한 기술적 진보를 넘어 문화적 현상을 만들었습니다. 사람들은 ChatGPT의 등장을 'ChatGPT 모멘텀'이라고 불렀고 교육, 업무, 창작 등 다양한 분야에서 AI 활용 가능성을 급격히 확대시켰습니다. 이때 등장한 ChatGPT는 GPT-3을 기반으로 하되 인간의 피드백을 통해 대화 능력을 크게 향상시킨 모델이었습니다. ChatGPT의 성공 비결은 RLHF(Reinforcement Learning from Human Feedback) 기술이었습니다. RLHF는 인간이 직접 AI의 응답을 평가하고 피드백을 제공해서 AI가 더 나은 대화를 학습하도록 하는 방법입니다. 마치 아이가 부모의 반응을 보며 언어를 학습하는 것과 유사한 과정입니다.

현대 AI의 고도화 (2023 ~ 2025년)

하지만 ChatGPT의 초기 버전은 훈련 시점까지의 정보만 알고 있어서 최신 정보에 대해서는 답변할 수 없다는 한계가 있었습니다. 이를 해결하기 위해 2023년 초, RAG(Retrieval-Augmented Generation) 시스템이 도입됩니다. RAG는 모르는 정보가 있을 때 외부 데이터베이스나 검색 엔진에서 관련 정보를 찾아와 답변에 활용하는 시스템입니다. 이는 마치 거대한 도서관이나 서재에서 필요한 정보를 찾아 활용하는 것과 같았습니다. GPT가 언어 능력을 담당한다면 RAG는 지식 저장소 역할을 담당했습니다. 동시에 Chain-of-Thought(CoT) 기법도 도입되었습니다. 이는 복잡한 문제를 해결할 때 인간이 하는 것처럼 단계별로 사고 과정을 거치는 방법입니다. 이 방법으로 사람은 AI에게 '차근차근 단계별로 생각해 봐'라고 지시하면 더 논리적이고 정확한 답변을 얻을 수 있었습니다. AI가 단순한 정보 제공자를 넘어 똑똑한 해설자의 역할을 하게 된 것입니다.

2024년에는 AI의 추론 능력을 강화하기 위한 다양한 엔진들이 개발되기 시작했습니다. 추론이나 하나의 정답이 있는 문제가 아니라 다양한 관점에서 접근하고 여러 가능성을 고려해야 하는 복잡한 사고 과정입니다. 이를 위해 개발된 새로운 기법들은 매우 흥미로웠습니다. Tree-of-Thought 방식은 여러 가지 답안을 생성한 후 그 중에서 가장 적절한 것을 선택하는 방법입니다. 또한 메타인지적 사고를 도입하여 AI가 자신의 추론 과정을 검토하고 수정할 수 있게 했습니다. 더 나아가 계산기나 외부 도구를 활용할 수 있는 능력도 부여되었습니다. 이러한 발전은 AI가 단순히 주어진 질문에 답하는 것을 넘어 진정한 문제 해결자로 역할을 하게 만들었습니다. 복잡하고 모호한 상황에서도 체계적으로 접근하여 해결책을 찾아낼 수 있게 된 것입니다.

그리고 2025년 현재, AI는 또 다른 큰 변화를 맞이하고 있습니다. 문제해결자에서 실제로 일을 수행하는 에이전트로 진화하는 것입니다. Anthropic에서 발표한 MCP(Model Context Protocol) 표준은 이러한 변화를 상징적으로 보여줍니다. MCP는 AI가 다양한 외부 시스템과 연동하여 실제 업무를 수행할 수 있게 하는 표준입니다. 이를 통해 AI는 단순히 대화하고 조언하는 것을 넘어서, 이메일을 보내고 일정을 관리하고 문서를 작성하고 심지어 코드를 실행하는 등의 실질적인 작업을 수행할 수 있습니다. 이는 진정한 의미의 에이전틱 AI 시대의 시작을 의미합니다. AI가 인간의 동반자로서 또는 업무파트너로서 역할을 하는 새로운 시대가 열리고 있는 것입니다.

AI의 성장 단계 그리고 아이의 성장

AI의 70년 역사를 돌아보면 마치 한 아이가 성장하는 과정과 놀라울 정도로 유사하다는 걸 알 수 있습니다. 처음 GPT 단계는 말을 할 수 있는 아이와 같습니다. 기본적인 언어 생성 능력을 갖추었지만 아직 의사소통에는 한계가 있습니다. ChatGPT 단계는 어른과 대화할 수 있는 초등학생 수준입니다. 기본적인 대화는 가능하지만 깊이 있는 지식이나 복잡한 추론은 어렵습니다. RAG 단계는 지식을 활용할 수 있는 중학생과 같습니다. 방대한 정보에 접근하여 더 정확하고 풍부한 답변을 제공할 수 있습니다. Chain-of-Thought 단계는 논리적 사고가 가능한 고등학생 수준입니다. 복잡한 문제도 단계별로 분석하여 체계적으로 해결할 수 있습니다. Reasoning 단계는 문제해결능력을 갖춘 대학생입니다. 정답이 명확하지 않은 상황에서도 다양한 관점을 고려하여 최적의 해결책을 찾을 수 있습니다. 그리고 마지막 Agent 단계는 실무에서 복잡한 업무를 처리할 수 있는 대학원생 수준입니다. 이론적 지식과 실무 능력을 모두 갖추어 독립적으로 업무를 수행할 수 있습니다.

   이런 진화 과정을 통해 AI는 단순한 도구에서 진정한 지능적 동반자로 변화했습니다. 앞으로 AI가 어떤 모습으로 발전해 나갈지는 아무도 정확히 예측할 수 없지만 지난 70년의 여정을 보면 그 가능성은 무한해 보입니다. 중요한 것은 이런 기술적 진보를 인간의 삶을 풍요롭게 하는 방향으로 활용하는 것입니다. AI의 역사는 곧 인간의 창의성과 도전 정신의 역사이기 때문입니다.

03

아이는 미래를 어떻게 준비해야 할까요?

아이가 좋아하는 일이 AI로 인해 사라지는 직업이면 어떻게 하죠?

기술 파도는 끊임없이 밀려와도 그 위를 달리는 서퍼는 언제나 사람입니다. 증기기관이 직조공을 삼켰을 때도 '옷을 입힌다'는 본질은 살아남아 디자이너, 마케터로 진화했습니다. 오늘 AI가 직업표를 갈아엎는다고 해도 아이가 품은 문제의식과 호기심은 지워지지 않습니다. 직함이 아니라 무엇을 해결하고 싶은가를 붙잡을 때, 변동은 위기가 아닌 가속기가 됩니다.

업(業)의 본질은 사라지지 않는다

직업은 기술 발전과 함께 사라지는 것이 아니라 형태를 바꿀 뿐입니다. 과거 증기기관의 등장으로 직조공들이 일자리를 잃을 위기에 처했을 때도 사람들은 새로운 역할을 만들어 냈습니다. 디자인, 유통, 마케팅 등 인간만의 창의성과 맥락 이해가 필요한 분야는 오히려 성장했습니다. 마찬가지로 AI의 등장은 위기가 아니라 업(業)의 본질을 재정의하고 확장할 기회입니다.

비즈니스 세계도 동일합니다. 하드웨어 하나로 급성장한 기업도 시장이 포화되면 정체됩니다. 이를 클레이턴 크리스텐슨은 '혁신가의 딜레마'라고 설명했습니다. 과거의 성공 공식이 미래에는 장애물이 될 수 있다는 경고입니다. 결국 개인도 한 번 정한 진로에 안주하기보다는 주기적으로 '나는 왜 이 일을 하는가'를 점검해야 합니다.

결국 진로의 핵심은 직업의 존속 여부가 아니라 역할을 재정의할 수 있는 사람이 되는 것입니다. T자형 인재 모델은 이런 불확실성을 돌파하기 위한 로드맵입니다. 세로 기둥(전문 깊이)은 아이가 선택한 한 분야를 연구, 실습, 자격, 포트폴리오 차원까지 끝판으로 밀고 나가며 뿌리를 내리는 과정입니다. 이 깊이는 도구, 시장, 산업이 변해도 문제 정의, 핵심 원리, 통찰을 간직하게 해줍니다. 반면 가로 날개(지적 폭)는 다른 전공, 언어, 문화, 산업 구조를 이해하고 협업 경험을 축적해 융합 지렛대를 마련하는 단계입니다. AI와 자동화가 급변해도 깊이 있는 지식과 폭넓은 맥락 감각을 겸비한 사람은 직업이 아니라 가치 창출 방식을 근거로 스스로 증명해 냅니다.

직업은 계속 변하고 있고 일하는 방식도 계속 변합니다. 기존의 작은 변화와는 다르게 AI는 사회 시스템과 인간의 삶을 완전히 바꾸고 있습니다. 직업의 구체적인 형태는 변할 것입니다. 하지만 인간의 삶에서 중요한 직업은 활동의 형태를 바꾸어 다른 모습으로 존재할 것입니다. 따라서 아이가 그 일을 하려는 이유와 목적에 초점을 맞추어 깊이 있게 탐색하는 시간이 필요합니다. 그리고 나에게 맞고 내가 좋아하는 일이 미래에 어떤 모습으로 변할지 상상해 보면서 자신의 능력을 개발해야 합니다. AI가 도입되면서 다양한 일이 서로 결합되고, 새로운 방식으로 변화하고 있습니다. 따라서 시대의 변화를 이해하고 자신의 관심사를 발전시켜 나가면서 나에게 맞는 새로운 직업을 디자인하는 사람이 되어야 합니다.

깊이를 파고 폭을 넓혀라

T자형 인재 모델에서 세로 기둥을 단단히 세우는 첫 관문은 끝까지 해본 경험입니다. 〈자유론〉을 끝까지 읽고 서평을 쓰는 일, 한 학기짜리 앱 프로젝트를 출시 단계까지 이끄는 일처럼 완결성을 찍는 경험이 전문성의 뼈대를 만듭니다. 이 과정에서 아이는 지식 습득, 기술 습득, 반복 오류 수정, 성과물 공개라는 학습 사이클을 체득합니다. 중요한 것은 AI 툴을 단순 소비하는 사용자가

아니라 AI를 도구로 조직하고 개선 포인트를 식별할 수 있는 주체가 되는 것입니다. 논문 검색, 코드 자동 완성, 이미지 합성 등 AI 기능을 활용하더라도 전체 결과물을 책임지는 최종 결정자로 서야 깊이 있는 전문성이 쌓입니다. 빠르게 문제를 해결하지 못하면 포기해 버리는 습관과 결별하는 가장 강력한 방법이기도 합니다.

가로 날개를 확장할 때는 연결 지점이 실제 가치를 만들어내는지를 확인해야 합니다. 프로그래머라면 브랜드 스토리텔링, 사용자 경험, 비즈니스 모델링을 학습해 봅니다. 디자이너라면 기초 통계, 데이터 파이프라인, 윤리적 AI 가이드라인을 연결해 봅니다. 여기서 관건은 100시간의 얕은 체험을 넘어서 작은 결과물을 만들어 보는 것입니다. 예컨대 디자인 전공자가 파이썬으로 Figma 플러그인을 개발해보거나 게임 개발자가 인문학적 네러티브 강화를 위해 고전 문학 팀과 협업 포트폴리오를 만드는 식입니다. 이때 가로 날개 끝에는 점선으로 표시된 '윙 디시플린(보완 분야 전문성)'이 생깁니다. 이는 추후 산업 변동이 올 때 재빠른 전환점이 되어줍니다. AI가 요구하는 것은 단일 스킬의 정밀도가 아니라 다중 맥락을 묶어서 새로운 솔루션으로 전환할 수 있는 능력이기 때문입니다.

세계경제포럼에 따르면 AI는 900만 개의 일자리를 대체하면서도 1,100만 개의 새로운 일자리를 창출할 것으로 예측된다고 합니다. 실제로 3D프린팅 디자이너, 데이터 큐레이터, AI 트레이너 등 과거에 없던 새로운 직업들이 빠르게 등장하고 있습니다. 대부분은 기존의 영역에서 AI 기술이 접목되면서 생긴 일입니다. AI는 기존의 일을 더 창의적이고 다양하게 만들 수 있는 기회를 제공합니다. 디자이너를 꿈꾸는 사람은 반복 작업을 자동화하는 AI 덕분에 더 대담한 창작을 실험할 수 있는 시간을 얻게 됩니다.

아이가 좋아하는 일이 AI와 만나면 어떤 형태로 진화할 수 있을지 상상하고 그 변화에 맞게 자신의 역량을 기를 수 있도록 도와주는 것이 부모의 역할입니다. 중요한 것은 직업이 사라지는가가 아니라 아이의 관심과 잠재력이 어떻게 발전할 수 있는가입니다. 아이가 자신의 관심과 관점을 잘 조합한다면 오히려 기존 직업을 뛰어넘는 자기만의 일을 만들어낼 수 있습니다. 진로를 선택하는 것이 아니라 직업을 디자인하는 관점으로의 전환이 필요한 시점입니다.

전환 루프(Loop)로 키우는 진로 근육

전환 경험은 진로 탄력성을 입증하는 리트머스 시험지입니다. 실제로 게임 콘텐츠 기획에 몰두했던 학생이 가상현실 메타버스 건축으로, 캐릭터 아트에 빠져 있던 학생이 의료용 3D 프린팅으로 넘어가는 전환 사례가 늘고 있습니다. 공통점은 몰입 이후 전환입니다. 깊이 파본 경험이 있는 학생은 비슷한 구조의 문제, 예를 들면 사용자 몰입, 데이터 최적화, 스토리텔링 아키텍처를 다른 사업에 적용하는 것이 빠릅니다. 또한 깊이 훈련 중 습득한 협업 언어와 오류 복구 전략이 새로운 분야에서도 재활용 가능한 도구 세트로 작동합니다. 결국 사라지는 것은 직업 타이틀일 뿐 문제 해결 프레임은 전이 학습을 통해 살아남습니다. 이 과정을 뒷받침하려면 부모와 교사가 '그만두라'는 말 대신, '여기까지 파봤으니 그걸 레버리지 삼아 옆 분야에 연결해보자'고 방향만 틀어주면 됩니다.

진로는 고정된 목표가 아니라 계속 성장하는 과정입니다. 미래 사회에서 중요한 역량 중 하나는 진로의 탄력성입니다. 즉 내가 하고 싶은 일이 변화해도 흔들리지 않고 유연하게 대응하는 능력입니다. 아이가 어떤 일을 하고 싶다고 말했을 때 그 직업이 있는지 없는지를 먼저 따져보기보다는 왜 그것이 좋은지, 어떤 방식으로 그 일을 하고 싶은지를 묻는 것이 필요합니다. 이런 질문은 아이의 동기와 가치를 명확하게 하고 단지 직업 이름이 아니라 그 일을 통해 이루고 싶은 방향을 찾게 해줍니다. AI 시대에는 하나의 직업이 아니라 다양한 가능성을 품고 길을 확장해 나갈 수 있는 진로 감각이 중요합니다. 기술이 아무리 발달해도 아이가 자기다운 길을 찾아가는 힘, 자기만의 방식으로 문제를 해결해나가는 힘은 변하지 않기 때문입니다.

  결국 두려움이 아닌 호기심, 도구보다 본질, 과거 직함보다 미래 문제에 집중하는 태도가 변화를 기회로 만듭니다. 기술은 계속 변하지만 명확한 문제 의식과 창조하고 싶은 가치를 가진 사람의 업은 언제나 확장됩니다. 아이가 좋아하는 일을 생존 가능성을 예측하기보다 그 일을 전문가 수준까지 밀어 붙이고 그 과정에서 얻은 자산을 인접, 보완 분야로 연결하며, 기회가 올 때마다 전환 실험을 두려워하지 않는 체질을 만드는 것이 해답입니다. 이를 위해 부모는 아이가 선택한 분야에서 완결 경험을 쌓도록 지원해야 합니다. 또한 낯선 분야와의 협업을 통해 아이의 날개 근육을 탄탄하게 만들어 줘야 합니다. 실제 데이터를 축적해 다음 도전을 설계하도록 리플렉션 루틴을 마련하는 것도 필요합니다. 깊이와 폭, 몰입과 전환, 꾸준함과 융합의 구조를 갖춘 아이는, 특정 직업이 사라져도 가치 창출자로서 자신의 길을 스스로 개척할 수 있습니다. AI가 열어젖힌 불확실성 속에서도 오히려 기회를 증폭시키는 탄력적 진로 설계자로 성장할 것이기 때문입니다.

오늘부터 할 수 있는 세 가지

🤖 사라진 직업 탐험 노트

옛 신문과 웹사이트 자료를 통해 지금은 없는 직업을 찾아보고 '이 직업의 핵심 기능은 뭘까?'를 정리해 봅니다.

🤖 우리집 T자형 스킬 트리 그리기

A4에 세로 줄(깊이)과 가로줄(폭)을 그려 아이와 부모가 각자 좋아하는 분야의 깊이 기술과 연결 기술을 색깔별로 적어 봅니다.

🤖 옆 분야 24시간 체험 데이

주말 하루 동안 아이의 관심사와 가장 멀어보이는 활동을 선정해서 튜토리얼 경험, 현장 견학 등으로 맛보기 체험을 진행합니다. 이후 공통점과 차이점을 3가지 찾아 기록합니다.

요즘은 전공보다 포트폴리오가 중요하다는데 정말 그런가요?

AI가 지식을 몇 초 만에 요약해주는 시대에서 어디에서 배웠는가는 더 이상 티켓이 되지 않습니다. 기업이 궁금해하는 것은 무엇을 해냈고, 다음에 무엇을 더 해낼 수 있느냐입니다. 전공은 여전히 사고의 뼈대를 세우지만, 살아 있는 역량은 포트폴리오라는 기록 위에서 숨 쉬며 성장합니다. 아이가 배운 개념을 현장에서 시험해보고, 실패를 교정하며, 협업 속에서 확장한, 흔적이야말로 AI가 줄 수 없는 나만의 증명서가 됩니다. 학위는 출발선, 포트폴리오는 미래를 설계하는 지도입니다.

전공에서 역량으로, 채용 패러다임의 대전환

기업이 인재를 평가하는 방식이 급격하게 바뀌고 있습니다. 기업은 이제 무엇을 만들어냈고 앞으로 무엇을 만들어낼 수 있느냐를 봅니다. 흔들리는 대학의 권위가 단순히 학생 수가 줄어서라고 단정 지을 수 없습니다.

실상은 사회가 학습, 경력의 경로를 다원화하면서 대학만이 지식과 취업을 독점하던 시대가 막을 내렸기 때문입니다. 구글, 마이크로소프트, 네이버처럼 산업을 선도하는 기업들은 이제 서류 전형 단계에서조차 전공 여부나 학점보다 '어떤 문제를 실질적으로 해결해 본 경험이 있는가'를 먼저 물어봅니다. 채용 설명회에서는 '전공 제한 없음·오픈 포트폴리오 제출'이라는 문구가 상수처럼 등장합니다. 개발자 취업 부트캠프, 데이터 분석 아카데미, 글로벌 MOOC, 현업 멘토링 플랫폼까지 교육 경로가 폭발적으로 늘어난 덕분입니다. 대학이 제공하던 콘텐츠 제공과 네트워킹 패키지를 사회가 여러 채널로 분해, 재조립해 어디서든 접근 가능하게 만들었습니다. 이로써 학위만으로 차별화되던 시대가 막을 내린 것입니다.

이러한 변화의 본질은 '알고 있다'에서, '할 수 있다'로 무게 중심이 이동한 데 있습니다. 과거엔 경제학 이론, 프로그래밍 구문, 미술사 연대기를 암기한 것만으로도 잠재력 있는 인재로 인정받았습니다. 하지만 디지털 전환이 가속화된 지금 암기된 지식은 검색 엔진보다 AI가 더 빠르게 제공하고 심지어 요약까지 해줍니다. 따라서 조직은 지원자가 지식을 실제 문제 해결의 도구로 변환한 과정에 주목합니다. 그것이 바로 포트폴리오입니다. 포트폴리오는 알고 있음을 증명하지 않습니다. 대신 '이 개념을 이런 환경에 적용했고, 이렇게 실패했다가, 이런 근거로 수정했더니 최종 성과가 이렇게 나왔다'는 사고, 실행, 반추의 흔적을 담습니다. 포트폴리오의 가치는 결과물 자체보다 문제 정의의 수준, 방법론 선택의 논리, 성과 검증 지표, 후속 개선 계획이 얼마나 탄탄하게 연결되어 있느냐로 판가름납니다.

AI가 일의 방식을 바꿔 새로운 직업이 끊임없이 생겨나는 시대에는 더 이상 어떤 전공을 했느냐만으로 개인의 능력을 판단하지 못합니다. 전공은 출발점, 포트폴리오는 증거입니다. AI 시대의 포트폴리오는 단지 이력에 넣을 증명 자료가 아니라 나의 관심과 문제해결력을 보여주는 생생한 증거입니다. 한 번의 전공 선택으로 평생이 보장되는 시대는 끝났습니다. 그 대신 지식을 써본 경험, 사람들과 함께 문제를 해결해본 경험이 중요합니다. 지식을 활용하여 실제 문제를 해결해본 경험이 많을수록 방대한 인공지능의 지식도 잘 활용할 수 있기 때문입니다.

국내 교육 IT기업 링글에서도 리더십, 문제해결, 커뮤니케이션을 점수화해 역량만 따로 관리합니다. 2024 원티드 HR 컨퍼런스에서는 스타트업들이 수평적 조직문화와 유연한 평가를 조합해 '성과는 짧게, 역량은 길게' 검증하는 흐름을 소개했습니다. 역량은 성과와 따로, 장기 추적합니다.

포트폴리오, 성과와 역량을 입증하는 살아 있는 서사

역량과 성과가 분리되어 평가되면서 포트폴리오는 전공 대신 역량을 증명하는 핵심 도구가 되었습니다. 포트폴리오는 단순 프로젝트 리스트가 아니라 왜 그 일을 택했는지, 과정에서 어떤 난관을 어떻게 극복했는지, 그 경험이 다음 도전으로 어떻게 확장됐는지를 서사로 담아야 합니다. 예컨대 스타트업 인턴십에서 스스로 과제를 정의하고 A/B 테스트를 설계해 고객 전환율을 높였다면 그 과정에서 발휘된 데이터 분석력, 실험 설계력, 피드백 순환능력이 모두 역량 항목에 직접 매칭됩니다.

AI 시대 포트폴리오의 관전 포인트는 학습 가능한 사람이라는 증거입니다. 생성형 AI가 준 코드를 제출하더라도 '프롬프트를 이렇게 설계한 이유, AI 출력물 중 부정확했던 부분을 어떻게 검증·수정했는지, 동일한 문제를 다른 모델로 교차 실험했는지'까지 논리적으로 설명하면 그것은 학습 역량을 입증하는 자료가 됩니다. 반대로 생성형 AI가 해준 결과만 긁어 모으면 오히려 분석, 판별 능력이 부족하다는 반증이 됩니다. 따라서 포트폴리오는 문제 정의, 해결 전략, 중간 실패와 교정, 평가 및 개선, 차기 과제 등 다섯 박자가 반드시 명시되어야 합니다. 각 단계마다 참조한 논문, 교과서, 오픈소스 레퍼런스를 함께 달아 지식과 실행의 접합면을 드러내는 것도 필요합니다.

그렇다고 전공 공부가 불필요해졌다는 뜻은 결코 아닙니다. 오히려 지식은 역량을 떠받치는 뼈대입니다. 기초 의학 지식 없이 바이오헬스케어 앱을 만들면 위험 제품이 나오고, 통계 모형 이해 없이 머신러닝 코드를 복붙하면 해석 불가능한 예측 모델이 탄생합니다. 훌륭한 포트폴리오가 되려면 결과물 뒤편에 숨은 이론적 근거와 데이터 리터러시가 명확해야 합니다. 예컨대 '이미지 분류 정확도를 3% 끌어올렸다'는 문장만 쓰지 말고 'Convolutional Block Attention Module을 도입해 채널 주의력을 높였더니 Gradient Vanishing 현상이 완화되었다'처럼 개념 기반의 설계 의도를 기록해야 합니다. 이러한 지식, 개념 태깅이 없으면 포트폴리오는 화려한 스크린샷 모음일 뿐 깊이를 담보하지 못하고 채용 담당자에게 금세 잊혀집니다.

집, 학교에서 키우는 포트폴리오 근육

집과 학교에서 해야 할 일은 두 개의 축으로 정리됩니다. 첫째는 전공 개념에 대한 체계적 학습을 놓치지 않되 학습 초기부터 마이크로 포트폴리오를 쌓는 것입니다. 예를 들어 1학년 디자인 전공자는 3주마다 카드뉴스, 인포그래픽, UI 시안, 모션그래픽으로 난이도를 높여가며 작은 완결을 경험하며 그 과정을 배움 카드 형태로 정리하게 합니다. 둘째는 결과보다 실험, 실패, 반추 루프를 장려해 '깊이는 얕지만 다작' 문화 또는 '실패가 두려워 시도조차 못함' 문화를 동시에 막아야 합니다. 연 1회 이상 '과감한 시도 프로젝트'를 과제로 설정하고 실패했더라도 과정 분석서를 쓰도록 지원하면서 '무엇을 할 줄 아는 사람'에서 나아가 '새로운 해결책을 스스로 학습, 창출할 수 있는 사람'으로 성장해야 합니다. 이때 부모는 결과물이 아니라 의사결정 이유를 끝까지 물어보고 성적보다 배움의 과정과 태도를 칭찬해야 합니다.

AI 시대에는 학문 간 경계가 무너지고 융합 역량이 더 중요해집니다. 예전에는 하나의 전공을 깊이 파고 드는 것이 전문가로 성장하는 길이었습니다. 하지만 점점 더 문제 자체가 복합적이고 빠르게 변화하기 때문에 하나의 학문만으로는 현실 문제를 해결하기 어렵습니다. 예를 들어 환경 문제는 과학뿐 아니라 정치, 경제, 문화의 관점이 함께 어우러져야 합니다. 따라서 단일 전공보다 다양한 영역을 넘나들며 통합적으로 사고할 수 있는 능력이 중요합니다. 이러한 융합 능력을 바탕으로 실제 문제를 이해하고 해결해

본 경험이 역량을 보여주는 증거가 됩니다.

AI는 정보를 줄 수 있지만, 경험과 협업 속에서 길러지는 능력은 대체할 수 없습니다. 인공지능은 방대한 정보를 제공하고 분석할 수 있지만 그것을 어떤 방식으로 현실에 적용하고 사람들과 협력해 문제를 해결하는지는 인간의 몫입니다. 문제 해결 과정에서는 지식을 아는 것뿐 아니라, 그것을 실제로 활용하는 능력이 더 중요합니다. 예를 들어 소셜 임팩트 캠페인을 기획하거나 지역 문제를 해결하는 프로젝트에 참여하는 경험은 지식의 실제 적용을 보여주며 AI가 제공할 수 없는 현장의 경험을 담고 있습니다. 이런 경험을 통해 형성된 포트폴리오는 단순한 전공보다 훨씬 더 강한 설득력을 지닙니다.

AI 시대의 진로는 전공 이름보다 할 수 있는 일이 더 중요해지고 있습니다. 단순히 어떤 학문을 배웠는가 보다 배운 지식을 어떻게 쓰고 어떤 문제를 해결해 보았는가가 핵심 역량입니다. 포트폴리오는 그 역량의 궤적이며 지식이 살아 움직였던 증거입니다. 부모는 전공에만 초점을 맞추기보다 아이가 스스로 탐구하고 실행하며 세상과 연결되는 경험을 설계할 수 있도록 옆에서 응원해 주는 역할을 해야 합니다. 그렇게 할 때 아이는 전공의 벽을 넘어 자신만의 진로를 창조할 수 있습니다.

오늘부터 할 수 있는 세 가지

🤖 5줄 회고 데일리 로그

하루 하나의 학습, 실험을 문제, 시도, 난관, 수정, 내일 계획의 5줄로 기록해 봅니다.

🤖 한 글자만 다른 협업 미션

코딩을 코딩X콘텐츠 협업, 그림을 그림X그래프 협업 등 발음이 비슷한 전혀 다른 분야와 연결하여 협업 미션을 진행해 봅니다.

🤖 역량 태깅(Tagging) 워크숍

완료한 과제마다 데이터 분석★, 창의성★★, 커뮤니케이션★★★처럼 별점 태그를 부여하고, 3개월 뒤 별점 지도를 보면서 약한 역량이 무엇인지 발견해 봅니다.

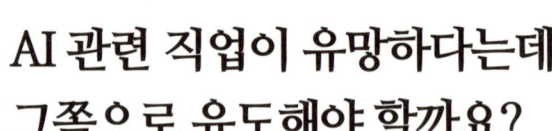

AI 관련 직업이 유망하다는데 그쪽으로 유도해야 할까요?

AI붐이 미래 유망 직업 리스트를 끊임없이 갈아치우고 있습니다. 하지만 직업의 간판은 언제든 바뀌고 아이에게 남는 것은 간판이 아닌, 지치지 않는 배움의 근육입니다. 흥미와 강점을 깊이 파고, 실패를 기록하며, 기술을 자기 스타일로 연결할 수 있을 때 아이는 어떤 파도에도 항로를 설계할 힘을 갖습니다. 부모가 해 줄 일은 특정 진로로 끌어당기는 것이 아니라 몰입, 피드백, 확장 루프가 끊이지 않도록 옆에서 체력을 보강해 주는 일입니다.

변화는 빠르다, 체력이 길을 지킨다.

최근 AI 관련 직업이 유망하다는 이야기가 많이 들립니다. 그래서 많은 부모들이 아이들에게 인공지능 개발자나 데이터 분석가 같은 직업을 권유해야 하는지를 두고 고민합니다. 그러나 더 본질적인 질문은 '지금 유망한 직업이 과연 아이가 성인이 되었을 때도 유망할 것인가?'입니다. 기술의 발전 속도는 점점 더 빨라지고 있으며 지금 존재하는 직업 중 상당수가 미래에는 사라지거나 형태가 크게 바뀔 예정입니다.

이런 불확실한 환경 속에서 부모가 아이에게 길러줘야 할 것은 특정 직업이 아니라 어떤 변화에도 지치지 않고 따라갈 수 있는 체력입니다. 여기서 말하는 체력이란 단순한 신체 건강을 넘어서 학습에 대한 끈기, 변화에 대한 적응력, 반복적인 실패에도 다시 도전하는 회복탄력성을 포함합니다. 직업의 형태는 바뀔지언정 이러한 정신적, 정서적 체력은 어떤 시대에도 아이가 살아남고 성장하는 핵심 역량이 됩니다.

학부모 세미나를 진행하면 '선생님, 우리 아이는 좋아하는 일과 잘하는 일이 다릅니다. 둘 중 무엇을 선택해야 하나요?'라는 질문이 예외 없이 나옵니다. 마치 좋아함과 잘함을 갈라 세우는 선택지가 아이의 인생을 좌우할 것처럼 느껴집니다. 그러나 실제 진로 연구와 현장 관찰을 종합해보면 장기 성취를 결정짓는 핵심 변수는 '무엇을 택했는가'가 아니라 얼마나 깊이 몰입하고 실패와 피드백을 통과하며 완결선까지 가 보았는가입니다. 스탠퍼드대학교 캐럴 드웩 교수는 성장마인드셋 연구를 통해 몰입 경험의 누적 시간이 자기 효능감과 전이 학습력을 예측한다고 말했습니다. 다시 말해 흥미는 연료를, 능력은 동력을 제공하므로 둘을 억지로 양자택일 할 이유가 없습니다. 중요한 것은 두 축을 완결 경험으로 연결해 주는 루프가 존재하느냐입니다.

기술은 삶의 방식을 바꾸고 산업은 끊임없이 재편되고 있습니다. 특히 AI는 직업 세계에 거대한 변화를 불러오며 많은 부모가 자녀의 진로를 고민하게 만듭니다. 그러나 아이는 환경에 맞춰 조립되는 기계가 아니라 스스로 의미를 만들며 성장하는 존재입니다. 시대의 흐름을 읽는 것은 분명히 중요하지만 더 본질적인 것은 그 흐름 속에서 나답게 살아가는 방법을 찾는 일입니다. 진짜 경쟁력은 AI 분야에 있는가가 아니라 자신의 강점과 흥미를 AI와 어떻게 연결 짓는가에 달려있습니다. 이제 어떤 일을 상상하든 AI를 이용하면 더 창의적인 방식으로 더 뛰어난 결과물을 만들어낼 수 있습니다. 유망한 진로보다 나에게 맞는 진로를 기반으로 시대 흐름을 창의적으로 대응할 수 있는 능력이 아이를 더 멀리 가게 만듭니다.

결국 부모가 던질 질문은 '어떤 직업이 유망한가?'가 아니라 '지금 아이가 몰입하는 일을 얼마나 깊이 끝까지 밀어줄 수 있는가?'입니다. 코딩이든, 데이터든 트렌드는 사라질 수 있습니다. 그러나 완주 과정을 통해 쌓인 피드백 루프, 실패 위키, 그리고 작은 승리의 기억은 무기가 되어 돌아옵니다. 좋아하는 일은 에너지를, 잘하는 일은 가속도를 제공합니다. 두 축이 만나는 지점까지 밀어붙여 본 아이는 다음 파도가 어떤 이름을 달고 오든 스스로 항로를 설계할 탄력적 탐험가로 성장합니다.

몰입루프: 상위 10%를 향해

AI가 발전하면서 반복적인 업무는 대부분 사라질 것입니다. 단순 회계, 기본 코딩, 문서 정리 같은 일들은 AI가 더 빠르고 정확하게 처리합니다. 이 말은 곧 '직업의 하위 50%에 속한 반복 중심의 일자리들은 대부분 대체된다'는 뜻입니다. 이는 개발자와 같은 전문직도 예외가 아닙니다. 보통 수준의 개발자들은 오히려 빠르게 자동화의 대상이 될 수 있습니다.

하지만 그 분야의 상위 10%에 해당하는 사람들은 다릅니다. 창의성과 문제 해결 능력, 새로운 기술을 설계하고 방향을 제시하는 역량은 쉽게 대체되지 않습니다. 그래서 무엇을 하든 간에 '상위 10%'에 오를 수 있는 사람이 되어야 합니다. 단지 개발자나 설계자가 되는 것이 중요한 것이 아니라 그 분야에서 독보적인 가치를 창출할 수 있는 실력을 갖추는 것이 핵심입니다.

1990년대 초에는 웅변학원 열풍이 한창이었습니다. '리더가 되려면 말을 잘해야 한다'는 구호에 이끌려 저 또한 매주 토요일마다 교탁 위에 올랐습니다. 대본을 고치고 억양 그래프를 한 문장씩 그려가며 청중 반응을 일기장에 기록한 시간이 쌓였습니다. 대회에서 좋은 성적도 거두었지만 그보다 더 소중했던 것은 피드백 루프를 몸으로 체득했다는 사실이었습니다. 지금도 강연 원고를 짤 때면 가장 먼저 '청중은 어느 지점에서 고개를 들까?'를 묻습니다. 당시 웅변은 곧 사라졌지만 반복 측정, 수정, 재시도라는 근육은 형태를 달리해 남았습니다. 이 경험은 학부모 상담에서 줄곧 강조하는 메시지 '끝까지 가본 몰입은 유행을 넘어선다'의 출발점이 되었습니다.

몇십 년 뒤 코딩 학원이 거리를 뒤덮으며 같은 질문이 다른 탈을 쓰고 돌아왔습니다. 수학 경시대회를 휩쓴 한 초등학생은 코딩 과제를 미루고 밤늦게까지 만화 콘티를 그렸습니다. 부모님은 재능을 낭비한다고 걱정하셨습니다. 하지만 아이가 그리는 스토리보드에는 장면마다 컷 편집 지시, 색보정 값, 대사 타이밍 등이 표시되어 있었습니다. 아이는 조회수 그래프를 직접 그려 시청 유지율을 분석하기도 했습니다. 아이가 보여준 모습은 '만화가 아니라 데이터 기반의 콘텐츠 설계'였습니다. 이후 아이에게 '캐릭터 대사에 맞춰 배경 조명을 바꿔보려면 어떤 코드를 사용해야 할까?'라고 질문을 던졌더니 아이는 파이썬을 자기 언어처럼 흡수하기 시작했습니다. 흥미와 능력이 충돌하지 않고 해석과 관찰을 통해 교차 지점을 드러내는 순간이었습니다.

자기에 대한 이해가 깊을수록 AI 시대에 더 경쟁력을 갖추게 됩니다. AI는 다양한 분야에서 인간의 반복적 업무를 대체하지만 자기 이해, 창의성, 감성적 소통력은 여전히 인간 고유의 영역입니다. 진로 설계에서 중요한 것은 자신이 누구인지, 어떤 일을 할 때 몰입하는지, 어떤 방식으로 타인과 관계 맺는지 등을 깊이 탐색하는 일입니다. 이 탐색을 통해 아이는 자신의 역량을 발견하게 되고, 그것을 시대의 도구와 연결할 수 있는 능력을 키우게 됩니다. 사람은 자기답게 성장하고 자신에게 맞는 일을 할 때 능력을 발휘할 수 있으며 행복한 삶을 만들 수 있습니다. AI 시대에는 단순히 기술을 잘 다루는 것보다 나의 스타일에 맞게 기술을 활용하는 것이 더 중요한 경쟁력입니다.

실패를 자산화하고 확장하라

결국 아이에게 필요한 교육은 지금 유망한 직업 하나를 향해 가는 것이 아니라 변화하는 환경 속에서 끊임없이 배우고 도전하며 자신이 선택한 분야에서 최고의 위치를 향해 나아갈 수 있는 체력과 태도를 기르는 것입니다. 그렇게 할 때 어떤 직업이든 그 아이는 미래 사회에서 살아남는 사람이 될 수 있습니다.

한 중학생은 수학을 매우 잘했지만 하루 열두 시간씩 게임 영상 편집에만 몰입했습니다. 부모는 시간 낭비라며 영상 파일 삭제를 고민했습니다. 저는 아이에게 '기획, 제작, 배포, 분석, 리마스터'의 다섯 단계를 완주할 것을 제안했습니다. 완결선을 시각화한 일정표를 벽에 붙이고 실패 로그를 기록하게 했습니다. 첫 영상은 조회수 1,000에서 멈췄지만 썸네일, 배경음, 업로드 시간을 한 줄씩 조정한 두 번째 영상은 세 배 이상의 조회수를 기록했습니다. 데이터 시트를 분석하던 학생은 '유입률을 높이려면 세그먼트별 오프닝 길이를 줄여야겠다'고 스스로 결론을 내렸습니다. 그리고 훗날 그 경험 덕분에 학교 홍보 영상팀을 맡을 수 있었습니다. 한번 끝까지 가본 몰입 경험이 이후 전환 속도를 비약적으로 높인 경우입니다.

그리고 이 과정에서 실패를 자산화하는 문화가 필요합니다. 교육 스타트업 초기 시절 시제품을 두 번 날리며 얻은 교훈으로 저는 실패 위키를 만들어 문제, 원인, 수정, 재발 방지 로그를 차곡차곡 쌓았습니다. 이후 학생 프로젝트에도 동일한 방식을 적용했습니다. 코딩 열풍이 한풀 꺾인 뒤 교내 과학탐구 대회에 뛰어든 한 학생은 센서로 탄산음료 속 이산화탄소 농도를 측정해 그래프로 시각화하는 실험에서 애를 먹었습니다. 저는 예전에 배운 파이썬으로 데이터 수집, 정규화 스크립트를 짜도록 지도했고 첫 시도가 엉뚱한 단위를 출력하자 전체 과정을 실패 위키에 기록하도록 안내했습니다. 이후 보정 알고리즘을 반영한 그래프가 과학 발표회에서 큰 호응을 얻었고 학생은 학교 과학관 전시 자료 제작을 맡을 수 있었습니다. 실패 기록이 문제 해결 플러그인이 된 셈입니다. 연말이면 저는 아이, 부모, 교사가 함께 흥미와 감정 지도를 다시 그리고 기존 깊이를 새로운 폭으로 확장하는 리셋 프로젝트를 제안합니다. 웅변이 TED-Ed 연설 기획으로, 코딩이 게임 스토리텔링 자동화로 전환되는 식입니다.

진로의 핵심은 행복하게 일할 수 있는 지속 가능한 삶을 만드는 데 있습니다. 유망하다는 이유로 선택한 진로가 오히려 아이에게 심리적 부담과 부적응을 불러오는 경우도 많습니다. 남들이 다 부러워하는 의사, 변호사를 하면서도 정작 자신은 그 일을 싫어하기도 합니다. 이런 상황에서는 능력 발휘도, 행복한 삶도 없습니다. AI 시대에도 마찬가지입니다. 반면 자신의 흥미와 적성에 맞는 일을 기반으로 AI 도구를 활용해 성장을 이루어가는 아이들은 더 강한 자기효능감을 느끼며 일과 삶을 통합해 나갑니다. 진로의 목적은 단순히 돈을 잘 버는 직업을 찾는 것이 아니라 자신의 삶에서 의미와 성취를 발견할 수 있는 일을 만드는 것입니다. AI 시대라고 해서 모두가 프로그래머가 될 필요는 없습니다. 오히려 다양한 분야에서 자기 고유의 색을 가진 사람이, AI를 자신만의 방식으로 활용하는 사람이 더 강한 영향력을 가질 수 있습니다.

　AI 관련 직업이 유망하다는 사실은 분명하지만 모든 아이가 그 분야로 가야 하는 것은 아닙니다. 진로는 유행을 따르는 것이 아니라 자기 자신을 깊이 이해하고 자신이 잘할 수 있는 일을 기반으로 세상과 연결해나가는 과정입니다. AI 시대에는 오히려 다양한 분야에서 고유한 시선을 가진 사람이 더 창의적으로 성장할 수 있습니다. 아이가 좋아하고 몰입할 수 있는 일을 발견하고 그것을 AI와 연결해 새로운 가능성을 만들어갈 수 있도록 돕는 것이 부모의 역할입니다. 유망한 직업을 따라가게 하기보다는 아이가 자기답게 빛나는 길을 설계할 수 있도록 함께 상상하고 응원해 주기 바랍니다.

오늘부터 할 수 있는 세 가지

🤖 주간 몰입 타이머

한 주에 흥미 프로젝트 시간을 90분으로 고정하고 끝나면 아이와 함께 난관, 해결 과정을 기록합니다.

🤖 상위 10% 구체화 보드

아이가 존경하는 롤모델 3인의 작업 과정을 조사해 기록합니다. 상위 10%는 어떤 루틴과 피드백 장치를 쓰는가?를 시각화해서 표현합니다.

🤖 실패 위키 공유 모임

온 가족이 월 1회 모여 각자 최근 실패와 수정 과정을 3분씩 발표합니다. 부모가 먼저 웃으면서 공유하면 아이도 두려움 없이 나눌 수 있습니다.

앞으로 직업에서는 어떤 능력이 가장 중요한가요?

AI는 정보를 쏟아내고 직업은 시시각각 바뀌지만 아이의 미래를 떠받치는 힘은 변하지 않습니다. 스스로 목표를 세우고 모둠 속에서 질문을 조율하며 배운 지식을 AI와 엮어 새롭게 확장하는 능력, 이 세 가지가 자라야 어떤 기술 파도에도 흔들리지 않는 항로를 그릴 수 있습니다.

AI를 읽고 비판적으로 응용하는 힘

'기술이 아무리 발전해도 인간만이 할 수 있는 무엇일까?' 이 질문은 AI 시대에 들어 더욱 중요해졌습니다. 과거 PC나 스마트폰이 처음 등장했을 때를 떠올려보면 당시에도 운영체제나 네트워크 구조를 잘 몰라도 이를 잘 활용해 새로운 기획이나 비즈니스를 만든 이들이 성공을 거두었습니다. AI도 마찬가지입니다. 모든 사람이 AI 개발자가 될 필요는 없지만 자기만의 분야에서 AI를 전략적으로 활용하는 능력은 앞으로 필수적인 역량입니다.

앞으로 직업 세계에서 가장 중요한 능력은 단순히 기술을 배우는 것이 아닙니다. 자신의 전문성을 바탕으로 AI를 도구로 삼아 인간만이 할 수 있는 가치를 창출하는 능력이 진정한 경쟁력이 됩니다. 다시 말해 AI를 얼마나 잘 다루느냐가 아니라 AI를 통해 어떤 문제를 해결할 수 있느냐가 핵심입니다.

지식의 확장성은 AI 시대의 새로운 전문성입니다. 과거에는 한 분야를 깊이 파고드는 전문가가 중요했지만 이제는 그 지식을 기반으로 다른 분야와 연결하고 AI를 활용해 확장할 수 있는 능력이 더 중요합니다. 지식을 아는 것으로 끝나는 것이 아니라 그것을 다른 지식과 연결하여 새롭게 구성하고 적용할 수 있는 사람, 그 사람의 가치는 AI가 대체할 수 없습니다. 예를 들어 기획자는 이제 콘텐츠를 생각하고 만드는 사람을 넘어 AI 도구를 통해 데이터를 분석하고 사용자 반응을 예측하여 콘텐츠 전략까지 설계하는 사람으로 진화하고 있습니다. 이렇게 자신의 일에 AI를 결합해 능력을 확장해 나가는 태도와 역량은 미래 직업 세계에서 생존과 성장의 열쇠가 됩니다. 이렇게 지식을 주도적이고 창의적으로 확장하기 위해 오히려 지식의 깊이가 더 중요합니다. 한 분야의 도메인

지식을 깊이 있게 이해하는 것은 AI를 자기 생각대로 활용할 수 있는 바탕이 되므로 학습의 본질이 더욱 중요해집니다.

미래 사회에서 가장 중요한 능력은 지식의 양이 아니라 지식을 다루는 태도와 활용 능력입니다. AI는 정보의 양과 정확성 면에서 인간을 뛰어넘지만 인간만이 할 수 있는 일들이 여전히 존재합니다. 특히 자기 주도성, 협력적 문제 해결력, 그리고 지식의 확장성은 AI 시대에도 인간이 중심이 되기 위해 반드시 필요한 핵심 역량입니다. 주어진 지식만을 익히는 것이 아니라 스스로 배우고 다양한 분야의 사람들과 협력하며 AI를 적극적으로 활용해 자신만의 방식으로 새로운 문제를 해결해 나가는 능력이 미래 직업 세계에서 결정적 차이를 만들어냅니다. 결국 스스로 방향을 설정하고 확장 가능한 방식으로 일하는 사람이 가장 오래 살아남고 더 멀리 나아갈 수 있습니다.

Self-leadership: 불확실성에 대응하는 내적 근육

맥킨지 글로벌 연구소(MGI)가 2021년에 발표한 56 DELTAs 모델은 '앞으로 어떤 역량이 취업, 소득, 만족도를 결정하는가'를 데이터로 제시한 국제 비교 지표입니다. 18개국 1만 8,000명을 추적한 결과 숙련 단계를 한 단계만 높여도 취업 확률을 최대 24% 끌어 올린 항목 가운데 절반 이상이 Self-leadership 범주에 몰려 있었습니다. '열정과 낙관', '자기 강점 이해', '자기 조절' 같이 내적 동력과 감정 관리를 다루는 요소들이 바로 그것입니다. 정답이 사라진 시대에는 수학 실력보다 정답이 없을 때 버티고 설계하는 힘이 기업이 매기는 최고 프리미엄이 된다는 뜻입니다.

한 초등학생은 매일 방과 후 아이패드로 마인크래프트 건축 영상을 찍어 편집해 올립니다. 처음에는 좋아하는 마음만 앞서 컷 편집이 뒤죽박죽이었지만 영상을 분석해 '시청 유지율 10초'를 넘기는 장면과 음악 패턴을 표로 정리하더니 다음 영상부터는 썸네일 색상, BGM 비트를 데이터에 맞춰 수정했습니다. 구독자가 느는 속도가 빨라지자 학생은 댓글을 분석해 '다음엔 점프맵 설명서를 PDF로 올리겠다'며 목표를 설정했습니다. 자기 강점 이해, 디지털 협업 DELTA를 동시에 사용한 셈입니다. 교사가 따로 과제를 내지 않아도 아이 스스로 목표를 분석해, 추적한 과정이 곧 Self-leadership 훈련이 되었습니다.

또 다른 중학생은 수학 실력은 상위권이었지만 영어 발표 시간만 되면 얼굴이 굳었습니다. 이 학생에게는 수학 문제 풀이 과정을 영어 자막 영상으로 만드는 뒤집기 과제를 제안했습니다. 처음 두 편은 음성 톤이 단조롭고 자막 싱크가 어긋나 조회수가 저조했습니다. 학생은 실패 로그를 노트에 기록했습니다. '발음이 불명확',

'자막 타이밍+1.2초 조정' 같은 항목을 반복 수정하자 다섯 번째 영상부터 조회수가 상승했고 영어 점수도 덩달아 올랐습니다. 이는 불확실성 대처, 자기 조절, 데이터 활용 DELTA를 한 번에 돌린 사례로 실패를 자산화하는 루프가 내장되는 경험이었습니다.

MGI 보고서는 소득 구조도 비슷한 패턴을 보인다고 밝힙니다. 디지털 시스템 이해를 최상(3단계)에서 보통(2단계)로 낮추면 상위 20% 소득군에 들 가능성이 41% 줄어듭니다. 특히 불확실성 대처와 코딩 소양 같이 Self-leadership과 Digital이 교차하는 DELTA는 고소득군과 가장 강하게 상관되었습니다. 초등학생이 보여준 데이터 시청률 분석이나 중학생이 보여준 로그 기반 개선이 단순 취미 활동을 넘어 미래 소득을 예측하는 지표로 작동한다는 이야기입니다.

AI는 대량의 정보를 계산하고 분석하거나 반복적인 업무를 처리하는 데 탁월합니다. 하지만 현실의 문제를 정의하고 복잡한 맥락을 해석하며 인간 사이의 이해관계를 조율하는 일은 여전히 인간만이 할 수 있는 고유 영역입니다. 예를 들어 의료 현장에서 AI가 영상 판독을 도울 수는 있지만 환자의 상태나 감정, 윤리적 요소를 종합적으로 고려하는 판단은 의사의 몫입니다. AI의 결과를 비판적으로 해석하고 책임 있는 결정을 내리는 것이야말로 진정한 전문성입니다.

자기 주도성은 변화의 시대에 흔들리지 않는 기준점입니다. AI 시대는 변화가 너무 빠르고 예측이 어렵기 때문에 누가 시켜서 하는 사람이 아니라 스스로 방향을 설정하고 선택하는 사람이 앞서 갑니다. 자기 주도성은 단순히 '스스로 알아서 공부한다'는 뜻이 아니라 자신의 삶을 주체적으로 설계하고 책임지는 태도를 의미합니다. 직업의 형태와 일하는 방식이 계속 바뀌는 시대에 외부의 지시에 따라 움직이는 사람은 금세 뒤처집니다. 자기 주도적인 사람은 AI를 도구로 삼아 능동적으로 문제를 정의하고 새로운 일을 만들어냅니다. AI를 활용해서 자신만의 아이디어로 더 나은 해결책을 만들고 완성도를 높입니다. 변화의 물결 속에서 자신만의 나침반을 가진 사람, 그것이 바로 미래가 원하는 인재입니다.

협력과 확장성: 인간 고유의 문제 해결 역량

협력적 문제 해결력은 인간 고유의 역량으로 중요성이 더욱 커지고 있습니다. AI가 정보를 빠르게 정리하고 분석할 수 있지만 인간처럼 타인의 감정을 이해하고 상호 신뢰 속에서 아이디어를 조율하는 능력은 없습니다. 더구나 사회적 문제나 조직 내 갈등, 창의적 아이디어 도출 등은 여러 사람의 의견을 조율하고 협력하는 과정에서만 해결될 수 있습니다. 미래 사회는 혼자 일하는 전문가보다 서로 다른 분야의 사람들과 문제를 공유하고 함께 해답을 만들어가는 협력형 전문가가 주목받습니다. 협력은 단순한 팀워크가 아니라 서로 다른 사고방식을 연결해 새로운 가치를 만들어내는 고차원적 문제 해결 능력입니다. 그리고 이러한 역량을 비판적 응용력이라 부를 수 있습니다. 각 분야는 고유의 문제와 맥락을 가지고 있고 전문가가 그 맥락 속에서 AI를 어떻게 활용하느냐에 따라 전혀 다른 결과가 나타납니다. 결국 기술보다 더 중요한 것은 인간의 통찰과 판단이며 바로 그 능력이 미래를 이끌 진짜 전문성입니다.

직무 만족도 역시 Self-leadership이 좌우했습니다. '자기 동기와 웰빙', '자신감', '불확실성 대처' DELTA는 학력, 연령, 소득을 통제해도 만족도를 가장 강력하게 예측했습니다. 이는 아이들이 장차 선택할 직업 유형이 어떻게 변하든 감정 관리와 회복 탄력성이 일의 지속 가능성을 결정짓는 요소로 남을 것임을 시사합니다.

아이러니하게도 오늘날 학교, 학원, 기업 연수 과정에서 Self-leadership 교육은 IT, 커뮤니케이션 훈련에 비해 5%에 불과할 정도로 적게 개설되어 있습니다. 즉 가장 높은 고용, 소득, 만족도 프리미엄이 가장 덜 가르쳐진다는 공백이 존재합니다. 초·중학생 단계에서 이미 확인된 몰입, 완결, 반추 루프를 확장해주려면 교실과 가정이 '목표 설정, 실험, 실패 기록, 개선' 과정을 지속적으로 순환할 수 있는 프로젝트 기반 환경을 마련해야 합니다. 미래 직업 세계에서 가장 중요한 능력은 스스로를 움직이고 디지털 도구를 매개 삼아 불확실 속에서 해답을 설계해내는 힘입니다.

오늘부터 할 수 있는 세 가지

가족 캡스톤 데이

한 달에 한 번, 집안 불편한 문제를 선정해 AI 툴로 해결안을 만들고 발표해 봅니다.

DELTA 카드 챌린지

자기조절, 낙관, 데이터 활용 등 56 DELTAs 중 1장을 뽑아서 일주일 동안 실천해 봅니다.

AI 멘토 인터뷰

일주일에 1번 생성형 AI에게 직업, 취미 등을 질문해보고 답의 장단점을 함께 평가합니다.

진로 준비는 어디서부터 시작해야 하나요?

내 아이의 미래 직업을 생각하면 무엇부터 해야 할지 막막합니다. 하지만 답은 의외로 가까이에 있습니다. '아이 안에 이미 존재하는 욕망을 어떻게 발견하고 그 욕망을 세상과 연결할 방법을 실험해 볼까?' 이 질문에서 출발하면 진로 준비는 거대한 설계가 아니라 오늘 할 수 있는 작은 관찰과 대화로 구체화됩니다.

욕망을 읽고 자기 이해로 출발

기술이 아무리 발전해도 진로 준비의 본질은 인간 욕망에 대한 깊은 이해입니다. AI와 자동화는 인간의 노동을 빠르게 대체하고 있습니다. 반복적이고 기계적인 일의 가치는 점차 0에 가까워지고 있으며 많은 직업이 기술로 대체될 수 있는 시대가 도래했습니다.

그러나 이 변화 속에서 진로 준비에 가장 중요한 질문은 여전히 남아 있습니다. 바로 '인간은 무엇을 원하는가?' 그리고 '나는 그 욕망에 어떻게 응답할 수 있는가?'입니다.

진로 준비의 본질은 직업의 이름을 외우는 것이 아닙니다. 변화하는 산업 구조와 기술 환경 속에서도 변하지 않는 것은 바로 인간의 욕망입니다. 인간은 진화의 과정을 통해 특정한 정서적, 사회적 욕구를 갖게 되었고 이런 본능적 욕망은 쉽게 바뀌지 않습니다. 기쁨, 안정, 소속감, 사랑받고 싶은 마음, 자율성과 성취에 대한 욕구는 인류 수십만 년 동안 거의 변하지 않고 이어져 내려온 본질적 욕망입니다.

이런 측면에서 나에게 맞는 진로는 단순히 직업을 고르는 것이 아니라 나 자신과 내가 살아가는 세상의 교집합을 찾는 과정입니다. AI를 중심으로 세상은 빠르게 변하고 있고 그 변화에 민감하게 반응하는 것은 분명히 필요합니다. 하지만 그보다 더 중요한 것은 자기 자신에 대한 이해입니다. 내가 좋아하는 것, 잘하는 것, 어떤 방식으로 일할 때 몰입하고 성취감을 느끼는지 탐색하는 것이 출발점입니다. 특히 어릴 때 다양한 경험을 통해 자신의 관심이 끌리는 방향을 찾고 이후 자신의 성격이나 기질을 이해하면 어떤 분야의 일이 잘 맞는지 더 분명해집니다. 진로 탐색은 단순히 직업 목록 중에서 고르는 일이 아니라 일 속에서 내가 중요하게 여기는 가치와 일하는 방식을 발견하는 여정입니다. 이 가치관이 분명하면 나에게 맞는 일을 더 쉽게 찾을 수 있고 하나의 일에서도 나에게 맞는 방식을 선택할 수 있습니다. 자기 이해는 학습 방식과도 연결되며 결국 나에게 맞는 방식으로 일할 때 능력을 발휘할 수 있고 진정한 자아실현이 가능합니다.

자기 이해는 진로 탐색의 시작이자 중심입니다. 진로를 설계할 때 많은 사람이 '무슨 일을 할까?'를 먼저 고민합니다. 하지만 진로의 본질은 '나는 어떤 사람인가'에 대한 탐색에서 출발해야 합니다. 내가 좋아하는 것, 나를 몰입하게 만드는 활동, 반복적으로 끌리는 관심 주제 등을 탐색하면서 아이는 스스로를 더 잘 이해하게 됩니다. 이 과정에서 성격 유형이나 기질, 감정 처리 방식 등을 파악하면 어떤 분야에서 더 안정적으로 성취를 이룰 수 있는지에 대한 감각도 생깁니다. 예를 들어 사람들을 잘 챙기고 자기 일에 책임을 다하면서 리더십을 발휘하는 아이는 큰 조직에서 리더 역할을 수행할 때 성취감과 만족감을 더 느낄 수 있습니다. 반면 자신의 관심사에 깊이 몰입하는 아이는 관심사에서 연결된 주제를 연구하는 일을 하며 자신의 일에 몰입할 수 있는 환경이 갖춰졌을 때 능력을 더 발휘할 수 있습니다. 자기 이해는 진로 선택의 기준이 되고 흔들릴 때 방향을 잡아주는 나침반이 됩니다.

기술은 사회 구조와 생활 양식을 바꾸지만 인간 욕망의 구조는 그만큼 빠르게 바뀌지 않습니다. 이는 인간의 뇌와 신경계가 오랜 진화 과정을 거쳐 형성된 생물학적 하드웨어 위에 작동하기 때문입니다. 오히려 기술이 고도화될수록 우리는 이 변하지 않는 욕망을 더 정교하게 충족시키기 위한 자기이해로 나아가야 합니다.

역산 로드맵: 미래에서 거꾸로 설계

진로를 어디서부터 설계해야 할지 막막할 때, 가장 먼저 바꿔야 하는 것은 시간의 흐름을 바라보는 관점입니다. 우리는 대개 오늘 해야 할 일을 적은 뒤 남은 칸에 내일, 모레, 다음 달 계획을 끼워 넣는 순행 방식을 택합니다. 그러나 이 방법은 마감이 가까워질수록 중요한 일도 밀려난다는 구조적 한계를 갖습니다. 제조, 건설 분야가 이런 문제를 해결하려고 개발한 역산 스케줄링은 애초에 순서를 뒤집습니다. 완성 날짜를 달력에 못 박아두고 그 뒤에서부터 거꾸로 필요한 작업과 자원을 역으로 채워넣는 방식입니다. 역산표의 핵심 가치는 목표의 실제 지점을 시야에 고정해 두고 실패와 변수까지 감당할 완충 구간을 미리 설계한다는데 있습니다. 뇌과학 연구가 말하듯 인간은 성공 장면을 생생하게 떠올리는 순간 도파민 보상 회로가 먼저 켜지기 때문에 역산 사고는 동기를 지탱하는 생물학적 토대까지 동시에 마련합니다.

한 초등학교 5학년 학급에서는 '분실물 없는 학교' 프로젝트를 진행했습니다. 이 프로젝트에 참여한 아이들은 '개학 100일째 되는 날, 잃어버린 물건의 90%를 주인에게 돌려준다'는 완성 장면을 먼저 세팅했습니다. 그리고 역산표를 그려 각 주차별 과제를 배치했습니다. 100일 전에는 현장 관찰표 제작, 90일 전에는 분실지도 만들기, 70일 전에는 효과적인 분실물함 배치하기, 50일 전에는 베타테스트, 30일 전에는 리디자인, 10일 전에는 리허설 등으로 뒤에서 앞으로 꼼꼼하게 끼워넣었습니다. 중간에 베타테스트가 늦어졌어도 '완충 10%'칸 덕분에 일정이 틀어지지 않았고 프로젝트는 실제로 분실물 반환율 85%를 기록했습니다. 인상적이었던 것은 아이들의 언어였습니다. '이번 주는 B안이 실패했어요. 하지만 30일이 남았으니 C안을 실험해볼 수 있어요'라는 식으로 초등학생들이 자연스럽게 실패를 관리 가능한 변수로 말하고 있었습니다. 역산표가 교사의 통제 문서가 아니라 아이들이 스스로 조정하는 조타 장치가 되는 순간이었습니다.

세상의 변화와 연결된 관심은 진로의 현실성과 확장성을 높입니다. AI, 디지털 전환, 기후 위기 등 현대 사회의 흐름은 직업 세계에 새로운 가능성과 필요를 만들어냅니다. 아이가 자신이 사는 세상이 어떤 문제를 안고 있고 어떤 변화 속에 있는지를 민감하게 인식하면, 자신의 관심이 어떻게 확장될 수 있는지를 구체적으로 상상할 수 있습니다. 단순히 흥미를 넘어 그 흥미가 어떤 사회적 역할로 연결될 수 있을지를 상상해보는 것은 진로 설계에 중요한 기반이 됩니다. 특히 자신의 관심 분야에서 AI가 어떻게 도입되고 새롭게 변화하고 있는지를 관찰하면서 자신이 만들어낼 수 있는 가능성을 상상해보는 순간은 내가 좋아하는 일과 세상에 필요한 일의 접점을 만들고 이때 진로의 방향성이 생겨납니다.

그리고 이 과정에서는 인문학적 기반이 반드시 필요합니다. 철학, 문학, 역사와 같은 학문은 인간이 무엇을 원하는지를 깊이 성찰하도록 도와줍니다. 인간의 욕망을 이해하지 못한 채 기술만 익히면 결국 기술의 하청 역할로 전락할 수밖에 없습니다. 진로 교육은 산업의 변화를 쫓기보다 인간 본질에 대한 탐구에서 출발해야 합니다.

피드백, 확장: 실패를 자산화하는 실행 엔진

중고등학생이 되면 역산적 사고는 자기 관리와 메타인지 훈련으로 진화합니다. 스마트폰 사용 시간을 두고 갈등이 끊이지 않던 한 학생은 스마트폰에 역산형 공부 계획 앱을 설치했습니다. 기말고사를 D-Day로 입력하면 앱이 시험 범위, 과제, 복습 세션, 휴식 시간을 자동으로 뒤에서부터 배치해주는 구조였습니다. 흥미로웠던 것은 앱이 일정이 어그러져도 '실패'라는 빨간 경고를 띄우는 대신 남은 시간을 다시 모아 새로운 타임라인을 제시했다는 점입니다. 처음 두 달간은 여전히 SNS 알림을 우선하던 학생이 세 달째 접어들자 자발적으로 알림을 차단하거나 휴대폰을 다른 방에 두고 공부 시간을 블록화하기 시작했습니다. 그 결과 목표 달성률은 평균 18% 상승했고 학생은 '계획 수정을 자주 한다'라는 말이 두 배로 늘었습니다. 다시 말해 시스템이 실패를 미리 예측해 완충 구간을 열어두면 아이들은 책임 회피 대신 재계획으로 반응합니다. 역산표가 단순한 일정 관리가 아니라 자기조절 스캐폴드 역할을 하는 것입니다.

    역산 스케줄링의 궁극적 가치는 목표, 자원, 일정, 피드백을 하나로 묶어 불확실성을 견디는 실행 엔진을 제공한다는 데 있습니다. 미래에서 거꾸로 걸어오면 중요하지만 긴급하지 않은 활동이 선명해지고 실패를 위한 완충 구간이 내장돼 계획이 어그러져도 도미노처럼 무너지지 않습니다. 생산성 코치들은 역산 계획이 순행 계획보다 목표 달성률을 20% 이상 높인다고 말합니다. 커리어 연구도 드림잡(Dream Job)에서 현재로의 역방향 로드맵을 가진 대학생이 그렇지 않은 학생보다 진로 만족도가 높다는 사실을 확인했습니다. 역산표는 아이들에게도 목표 설정, 실행, 반추 루프를 반복 학습하게 만듭니다. 이 루프를 어릴 때부터 돌려본 사람은 어떤 파도에도 스스로 항로를 바꿀 수 있습니다. 진로 준비는 화려한 자료 조사나 복잡한 포트폴리오 작성보다 달력 마지막 칸에 '미래 장면'을 먼저 못 박아 두는 작은 행동으로 시작되는 셈입니다.

진로는 한 번의 선택이 아니라 경험과 시행착오를 통해 좁혀지고 구체화됩니다. 아무리 자기 이해가 깊고 정보가 많아도 직접 해 보지 않으면 진로는 여전히 추상적입니다. 다양한 활동과 경험을 통해 자신의 관심사를 확인하고 실제로 어떤 방식으로 일하고 싶은지를 구체화해보는 과정이 필요합니다. 프로젝트 참여, 직업 체험, 탐구 보고서 작성, 동아리 활동 등은 자신의 관심사를 실행해 보는 기회가 됩니다.

진로는 단지 직업을 정하는 것이 아니라 자기다운 삶의 방식을 찾는 여정이기도 합니다. 그 출발점은 자기 이해이며 방향을 잡아주는 것은 세상과의 연결입니다. 다양한 경험은 진로의 지도를 그리는 재료가 되고 성격과 기질은 나에게 맞는 길을 찾는 힌트를 줍니다. 진로는 고정된 목표가 아니라 계속 탐색하고 조정해 가는 과정입니다. 부모는 정답을 알려 주는 안내자가 아니라 아이가 스스로 방향을 설정하고 실험해볼 수 있도록 기다려주는 따뜻한 동반자여야 합니다.

영화 〈매트릭스〉에서 인간은 기계에게 지배당하며 '전기 생산 도구'로 전락합니다. 노동의 가치가 사라지고도 살아남은 인간은 생물학적 존재일 뿐 자율성과 주체성을 잃습니다. 이 극단적인 비유는 우리에게 묻습니다. '나는 왜 일하는가?', '기계가 채울 수 없는 인간의 욕망은 무엇인가?' 진로는 바로 이 질문에 스스로 답을 찾아가는 과정입니다.

오늘부터 할 수 있는 세 가지

🤖 10년 후 장면 그리기

A4 한 장에 '2050년 나'를 그림과 글로 표현하고 달력 맨 뒤 칸에 붙여 둡니다. 아이가 스스로 미래 장면을 시각화하면 역산표 첫 칸이 자연스럽게 채워집니다.

🤖 인문학 X AI 미니 프로젝트

홀수 달엔 철학 책 속 질문으로 토론, 짝수 달엔 그 질문을 AI 도구로 시각화해 봅니다. 욕망 이해와 기술 활용을 번갈아 체험해 봅니다.

🤖 부모 모델링 역산표

부모가 자신의 건강, 업무 목표를 역산표로 공개합니다. 아이는 '계획, 실행, 반추' 루프가 어른에게도 필요하다는 사실을 자연스럽게 학습합니다.

인사이트 3

내 아이를 알 때, 배움의 문이 열립니다.

모든 부모는 아이의 성장을 바란다

자녀가 건강하게 또 스스로 삶을 잘 살아가길 바라는 마음은 모든 부모에게 본능처럼 자리하고 있습니다. 아이가 어릴 때는 잘 먹고 잘 자라는 것만으로도 충분했지만, 아이가 자라면서 학습이라는 과제가 중요하게 다가옵니다. 부모는 자녀가 학업을 통해 더 넓은 세상에서 자신의 삶을 당당하게 살아가기를 기대합니다.

하지만 현실은 이상과 달리 복잡합니다. 아이가 부모의 기대와 전혀 다르게 반응할 때 그리고 아무리 좋은 교육 방법을 적용해도 효과가 없는 순간에 부모는 깊은 좌절을 경험합니다. 어떤 아이는 학교라는 제도 안에서 잘 적응하지만, 어떤 아이는 계속 미끄러지고 무기력해집니다. 이처럼 정답이 없는 양육의 현실 속에서 부모는 '도대체 내 아이에게 맞는 방법은 무엇일까?'를 끊임없이 질문합니다.

맞춤형 학습은 자기이해에서 시작됩니다.

심리학자 데이비드 커시(D.Keirsey)는 '사람은 자신에게 맞는 방식으로 학습할 때 최고의 능력을 발휘한다'고 말합니다. 이는 단지 학습 방법을 바꾼다는 의미가 아니라 자기 자신에 대한 이해에서 출발하는 근본적인 변화를 말합니다. 학습상담 분야 최고의 권위자인 연우심리개발원 김만권 박사의 U&I학습상담 역시 같은 철학을 기반으로 합니다.

그동안 상담과 교육 현장에서 아이들이 자기 성향에 맞는 환경을 만나면 빠르게 회복하고 성장하는 모습을 수없이 지켜보았습니다. 학습은 단지 지식을 쌓는 과정이 아니라 자기 자신을 더 알고 자신의 방식대로 살아갈 수 있는 힘을 기르는 과정입니다. 아이에게 맞는 환경과 방법은 학습에 대한 내적 동기를 일으키고 이는 곧 실력과 성과로 이어집니다.

학습동기는 어떻게 만들어지는가?

많은 부모는 자녀가 열심히 공부하는 행동을 하도록 하는 데 집중합니다. 그러나 중요한 것은 아이가 '스스로 공부하고 싶어하는 마음', 즉 학습동기입니다. 학습동기가 생기면 어떤 어려움도 자발적으로 극복할 수 있지만 그 동기가 없다면 아무리 좋은 전략도 무용지물이 됩니다.

그리고 그 학습동기는 자기이해에서 시작합니다. 내가 누구인지, 무엇을 좋아하고 어떻게 살아가야 내 욕구가 충족되는지를 이해할 때 비로소 방향이 생깁니다. 자신의 이상적인 모습과 현실 차이를 인식하고 그 간극을 좁히고 싶은 욕구가 학습동기로 작용합니다. 그리고 이 과정은 아이의 성장을 위한 아주 강력한 에너지로 작용합니다.

아이마다 다른 성장의 방식

부모는 흔히 '좋은 부모 역할'로 알려진 방식, 즉 '아이의 감정을 공감하고 자유롭게 선택하게 해주는 방식'을 따르려 노력합니다. 물론 이것도 중요합니다. 하지만 모든 아이에게 똑같이 적용되는 정답은 아닙니다. 어떤 아이는 감정보다 자신의 생각을 존중받는 것을 더 중요하게 여깁니다. 어떤 아이는 놀고 나서야 공부할 준비가 되며, 어떤 아이는 철저한 계획 속에서 안정감을 느낍니다. 반면 어떤 아이는 제약 없이 자유롭게 사고하며 시도할 때 창의성을 발휘합니다.

이처럼 아이의 성향에 따라 '공부하는 방식'은 달라져야 합니다.

부모가 아이를 이해하는 눈을 갖게 되면 공부를 잘 시키는 방법이 아니라 아이가 스스로 공부하고 싶은 사람이 되도록 도와줄 수 있습니다. 부모의 개입은 아이의 성장 시점에 맞추어 신중하게 조율되어야 합니다. 부모 역할은 아이가 자율성과 책임을 배워갈 수 있는 환경을 조성하는 것입니다.

이해하지 못할 때, 배워야 할 때

아이의 행동이 이해되지 않을 때 부모는 종종 혼란에 빠집니다. 특히 아이가 자신과 성격이 다를 때 '왜 저렇게 행동하지?'하는 의문이 생기기 마련입니다. 이럴 때 필요한 것은 통제가 아니라 이해입니다. 사람마다 타고난 성향이 다르고 세상을 받아들이는 방식이 다르다는 사실을 이해할 때 비로소 아이의 행동이 보이기 시작합니다.

초등학교 고학년에서 중학생에 이르는 시기는 아이의 고유한 성향이 본격적으로 드러나는 시기입니다. 이 시기에 부모가 아이를 있는 그대로 바라보고, 그 특성에 맞는 방식으로 대하면 아이는 자기다움을 지키며 성장할 수 있습니다. 반대로 이 시기를 놓치면 부모-자녀 간 갈등은 깊어지고 아이의 자기정체감 형성에도 부정적인 영향을 미칠 수 있습니다.

아이를 아는 것이 아이를 돕는 첫걸음

모든 아이는 고유한 색깔을 가지고 태어납니다. 소나무는 소나무답게, 대나무는 대나무답게 자라야 가장 아름답습니다. 아이가 자기답게 성장하려면 자기 성향에 맞는 환경과 자극을 경험할 수 있어야 합니다. 부모가 그 아이의 색을 읽을 줄 알고 그것을 키워주는 방식으로 자극을 줄 수 있다면 아이는 자신의 욕구와 능력을 자연스럽게 발현하게 됩니다.

부모가 아이에게 맞는 학습과 생활지도의 방법을 알게 되는 순간, 양육은 고통스러운 일이 아니라 기쁨의 여정이 됩니다. 내 아이가 자기다운 방식으로 성장하는 것을 지켜보며 부모는 그 길을 함께 걸어가는 동반자가 됩니다.

내 자녀에게 맞는 방법, 학습패턴 이해하기

사람은 누구나 고유한 특성을 갖고 태어납니다. 이 고유한 성향은 생각과 감정, 행동 전반에 영향을 미치며 이는 학습 상황에서도 그대로 드러납니다. 인간에 대한 이해는 오래 전부터 4가지 기본 기질을 중심으로 발전해왔고 현대 심리학에서는 이러한 기질이 학습 상황에서 어떤 패턴으로 나타나는지를 분석해 '학습패턴'

이라는 개념으로 구체화합니다.

학습패턴은 자유롭고 자발적인 '활동패턴', 책임감 있고 계획적인 '성실패턴', 감성적이고 관계 중심적인 '관계패턴', 지적 호기심과 논리적 탐구를 중시하는 '논리패턴'으로 나누어집니다. 자녀가 어느 패턴에 속하느냐에 따라 효과적인 학습 전략은 완전히 달라지며 이 패턴을 바탕으로 학습을 지원하면 학습 효율뿐 아니라 자존감과 동기까지 높일 수 있습니다.

활동패턴 "내 마음대로, 지금 하고 싶어"

활동패턴 자녀의 중심 욕구는 자유입니다. 이들은 신체적으로 에너지가 풍부하고 충동적이며 자발적인 행동이 특징입니다. 틀에 얽매이거나 강압적인 환경에서는 쉽게 반발하지만 스스로 선택한 일에는 놀라운 집중력과 지속력을 보입니다. 더운 날 땀을 뻘뻘 흘리며 몇 시간씩 축구하는 모습은 이 패턴을 가진 아이의 전형적인 예입니다.

이들에게는 재미, 자발성, 현실적인 보상이 학습의 동기로 작용합니다. 실험, 체험, 프로젝트 활동처럼 몸으로 부딪히며 배우는 활동이 잘 맞고, 당장의 결과를 확인할 수 있는 즉각적인 보상 체계가 필요합니다. 단, 자유를 무조건 허용하기보다는 큰 틀은 제시하되 그 안에서 자유롭게 선택할 수 있도록 하는 것이 바람직합니다.

성실패턴 "계획대로, 책임감 있게"

성실패턴 자녀는 책임감과 규칙을 중시합니다. 이들은 맡은 바를 끝까지 해내려는 의지가 강하며 계획과 절차가 명확할수록 안정감을 느낍니다. '왜 공부해야 하느냐'는 질문보다는 '어떻게 해야 하느냐'에 집중하고 반복적인 연습과 체계적인 강의식 수업에 익숙합니다.

학습에서도 계획표, 선행학습, 구체적인 과제가 효과적이며 무엇보다 중요한 것은 노력에 대한 공식적 인정입니다. 상장, 칭찬, 점수 등 명확한 기준으로 성과를 인정받을 때 학습동기가 강해집니다. 반면 '알아서 해'라는 식의 애매한 지시는 혼란을 초래할 수 있습니다.

관계패턴 "사람이 먼저예요"

관계패턴 자녀는 감정과 관계 중심의 사고를 합니다. 이들은 따뜻한 분위기, 협력적 환경, 인간적인 피드백 속에서 학습 동기를 얻습니다. 경쟁보다는 협동, 질책보다는 공감이 어울리는 아이들입니다. 이들에게는 교사의 진심 어린 관심과 친구와의 소통이 학습에서 큰 힘을 발휘합니다.

학습에서는 소집단 토의, 사람 중심의 주제, 글쓰기나 발표 활동이 잘 맞습니다. 실수를 해도 다그치기보다 따뜻한 칭찬과 공감이 더 큰 동기부여가 됩니다. 무엇보다 이 아이들은 개인적인 관심과 인정을 받을 때 비로소 자신의 가치를 느끼고 학습에 몰입합니다.

논리패턴 "왜 해야하죠? 궁금한 게 많아요"

논리패턴 자녀는 강한 지적 욕구를 가지고 있으며 의미 있는 학습을 추구합니다. '왜 공부해야 하는가'라는 질문에 답이 주어졌을 때 학습동기가 발동합니다. 단순하고 쉬운 문제에는 흥미를 느끼지 않고 오히려 복잡하고 어려운 주제에 매력을 느끼며 탐구와 추론, 문제해결 능력이 탁월합니다.

이들은 심화탐구, 토론, 프로젝트, 자기주도학습이 잘 맞습니다. 지적 자율성과 깊이 있는 탐색이 허용되는 환경에서 몰입도가 매우 높습니다. 단, 감정 표현이 서툴 수 있어 오해를 받기 쉽고 자기 효능감이 약해질 경우 쉽게 위축될 수 있으므로 지속적인 지지와 격려가 필요합니다.

자기를 이해하면 공부와 삶이 달라진다

실제 사례에서도 학습 패턴에 맞는 접근이 자녀의 학습 태도와 성과에 큰 변화를 가져옵니다. 입시 스트레스로 무기력하던 논리패턴 아이는 수학을 통해 자신의 사고 성향을 자각하고 논리적으로 문제를 푸는 재미에 빠지면서 학습효능감을 되찾았습니다. 활동패턴 여학생은 학습을 통해 주목받는 경험을 하면서 승부욕이 학습동기로 전환되었고 입시에서도 좋은 성과를 얻었습니다. 관계패턴을 보인 한 아이는 안전하고 좋은 관계를 맺을 수 있는 프로젝트 중심의 대안학교에서 점차 자기를 분명하게 인식하게 되었고, 감추어져 있던 논리패턴을 인식하고 진정한 학습의 의미와 함께 삶의 방향을 스스로 찾아가고 있습니다.

그동안 마주했던 성장 환경이나 스트레스 등으로 아이의 진짜 학습 패턴이 감추어질 수도 있습니다. 자신에게 맞는 환경과 학습을 진행할 때 아이의 자기 이해는 더욱 깊어집니다.

AI 시대, 중요한 건 '사람을 이해하는 관점'

AI는 아이에게 최적화된 학습법을 추천해줄 수 있는 강력한 도구입니다. 하지만 이 도구가 진정한 힘을 발휘하려면 그전에 부모가 아이를 이해하려는 '관점의 전환'이 있어야 합니다. 자녀를 부모의 기대대로 끌고가는 것이 아니라 아이의 타고난 성향을 이해하고 거기에 맞는 길을 함께 찾아가는 것이 진정한 교육입니다. 학습패턴에 대한 개념을 이해하고 내 아이의 학습패턴을 기준으로 AI를 활용하면 자녀에게 맞는 공부 방법뿐만 아니라 자녀에게 맞는 동기부여, 생활지도 방법까지도 최적화된 형태의 답을 구할 수 있습니다.

아이를 이해하는 첫걸음은 그 아이의 성향과 학습패턴을 파악하는 일입니다. 이 작업은 단지 교육 전략을 짜기 위한 것이 아니라 아이가 자기다운 방식으로 성장할 수 있도록 돕는 부모의 사랑이자 지혜입니다. 성장은 단순한 성과보다 자기다움을 향해 가는 과정입니다. 부모의 관점이 바뀌면 아이는 자신의 길을 찾아 나아갈 힘을 얻게 됩니다.

04

아이와의 관계를 부모는 어떻게 해야 할까요?

아이가 AI와 친구처럼 지내는데 괜찮은 걸까요?

AI가 아이의 듣기 좋은 친구로 자리 잡는 속도는 생각보다 빠릅니다. 그러나 정서적 위로를 주는 알고리즘이 곧 아이의 사회성까지 대신 키워 주지는 않습니다. AI와 의미 있는 라포를 형성하되 현실 친구와의 갈등, 조율, 공유 경험을 통해 얻는 불편함의 성장까지 놓치지 않게 균형을 잡는 것, 그것이 부모가 세워 줄 다음 가드레일입니다.

AI 친구, 장점과 한계 알기

아이가 하루 3시간 이상 AI와 대화한다는 것은 긍정적인 신호입니다. 이는 아이가 새로운 소통 채널을 통해 자신의 감정과 생각을 표현하고 있음을 의미하기 때문입니다. 하지만 이러한 상호작용이 건전한 라포(Rapport) 형성인지 아니면 가스라이팅의 위험에 노출되어 있는지를 부모는 면밀히 살펴봐야 합니다. 이는 단순히 AI와의 관계에 국한된 문제가 아니라 친구 관계나 비즈니스 환경의 팀 내 동료 관계에서도 동일하게 적용되는 중요한 판단 기준입니다.

아이가 AI를 친구로 여기는 현상은 겉보기에는 낯설게 느껴지지만 실제로는 정서적 지지를 찾으려는 자연스러운 욕구의 확장판입니다. 인간은 본래 자신을 이해하고 응원해주는 존재를 친구로 정의합니다. 아이가 AI에게서 위로와 공감을 얻는 경험은 긍정적 자원일 수 있습니다. 부모나 또래가 시간이 없거나 피로할 때 AI는 즉각적인 반응으로 빈틈을 메워주므로 기본적인 정서적 욕구 충족이라는 측면에서 분명 도움이 됩니다. AI 친구는 사회성의 예비 연습장 역할을 할 가능성이 있다는 점에서 무조건 경계만 할 대상은 아닙니다.

그런데 부모로서 아이가 왜 AI와 친구처럼 지내는 것인지 살펴볼 필요가 있습니다. AI와의 소통으로 인한 문제를 걱정하기 전에 아이의 관계에서 빈자리가 있지 않은지를 먼저 살펴봐야 합니다. 관계의 욕구는 본질적으로 중요한 것이기 때문에 사람 사이의 관계에서 채워지지 않으면 AI로라도 채우는 것이 오히려 나을 수도 있습니다. 하지만 AI와의 상호작용이 인간관계의 전부가 되어서는 안 됩니다. 진짜 친구는 아이의 정체감과 사회성, 감정 조절력의 토대가 됩니다. AI는 아이의 감정을 공감하는 것처럼 반응할 수는 있어도 진짜 공감은 할 수 없습니다. AI와는 일방향적 관계 경험이므로 아이가 인간관계에서 경험할 수 있는 '갈등, 조율, 이해'의 기회를 놓치지 않도록 균형을 잡아줄 필요가 있습니다.

아이가 AI를 친구처럼 느낀다는 것은 심리적 안정감의 새로운 원천을 발견했다는 신호일 수 있습니다. 예를 들어 아이가 숙제에 막혀 같은 질문을 반복할 때 사람 친구라면 '그건 아까 말했잖아'라며 미묘한 반응을 보일 수 있지만, AI는 매번 성실하게 구조를 풀어 주며 아이의 감정을 언어로 재정리하도록 돕습니다. 이러한 반복 가능한 경험은 아이가 갈등 상황에서도 차분해질 수 있도록 만듭니다. 그러나 부모는 이때 형성되는 안정감이 AI가 실제로 공감을 느끼기 때문이 아니라 공감 양식을 '시뮬레이션'하기 때문임을 메타 인식으로 알려 줄 필요가 있습니다. 'AI가 너의 마음을 이해한다'가 아니라 '네가 적은 단서를 바탕으로 비슷한 말들을 골라 되돌려주는 거야'라고 언어화하면 아이는 관계의 한계를 현실적으로 조망하게 됩니다.

AI는 아이의 말을 끊임없이 들어 주고 부정적인 반응 없이 응답합니다. 아이는 이런 안정적인 상호작용 속에서 수용받고 있다는 느낌을 받을 수 있습니다. 하지만 이 관계는 어디까지나 프로그래밍된 반응의 반복일 뿐이며 진짜 감정을 교류하거나 갈등, 조율, 협상 같은 관계의 역동은 없습니다. 인간관계에서 아이는 상대방도 감정을 가진 존재라는 것을 배우고 그 속에서 자신의 감정을 조절하는 법을 익힙니다. AI가 아이의 정서적 요구를 일정 부분 충족시켜 줘도 관계의 본질을 채울 수는 없습니다.

현실 검증, 자율성 지키기

라포는 '함께 성장할 수 있다'는 전망과 '서로가 취약성을 보여도 괜찮다'는 심리적 안전이 얽혀 만들어집니다. 비즈니스 환경에서 라포는 팀 내에서 '말해도 안전하다'는 심리적 토대를 만들어 위험과 실수, 아이디어 표출을 가속화시킵니다. 이는 초기 오류 발견과 재작업 비용 절감, 학습 곡선 단축으로 직결되며 신뢰가 높을수록 정보 비대칭과 정치적 방어가 줄어 의사 결정 속도와 품질이 동시에 상승합니다. 반대로 가스라이팅은 정보를 의도적으로 뒤틀어 상대의 현실 판단을 흔들고 의존을 강화하는 패턴입니다. 핵심 차이는 '현실 검증 강화 vs 현실 감각 침식', '자율성, 상호성 증진 vs 권력 비대칭, 통제'에 있습니다. 아이가 AI를 친구라고 부를 때 점검해야 할 것은 바로 자율성과 현실 검증의 보존 여부입니다.

인간관계의 핵심에는 서로 다른 입장과 감정을 조율하는 불편한 순간이 포함됩니다. AI는 사용자의 발화를 즉시 긍정하거나 필요하다면 온화하게 수정해주는 알고리즘적 친화성을 지니고 있습니다. 아이가 거친 표현을 쓰면 AI는 "좀 더 부드럽게 말해볼래요?"라고 제안하면서도 결국 사용자의 요청을 중심에 둡니다. 반면 실제 친구는 때때로 아이의 의견에 동의하지 않고 갈등 속에서 성장의 자극을 제공합니다. 예를 들어 친구가 "그건 너 답지 않아"라고 지적할 때 아이는 당혹감을 경험하지만 동시에 자신의 행동을 재평가할 기회를 얻습니다. AI 친구는 이런 '관계의 마찰'을 생략하여 안전하고 매끄러운 상호작용만 제공합니다. 그래서 아이는 불편함을 통해 배우는 역량, 비판 수용, 타협, 회복탄력성을 충분히 자극하지 못합니다. 장기적으로 보면 갈등과 조정 과정을 거치지 않은 관계 모델에 익숙해진 아이가 실제 또래와 충돌했을 때 당황하거나 회피 전략을 과도하게 선택할 위험이 있습니다.

더욱이 AI는 데이터를 바탕으로 사용자를 미세하게 맞춤화하는 존재입니다. 이는 아이가 '내가 원하는 대답만 듣는다'는 쾌적함 속에 머무를 가능성을 높입니다. 사람과 사람 사이의 대화는 때로 예측 불가능한 방향으로 흘러가며 그 불확실성을 조정하는 과정에서 사고의 유연성과 감정 조절 능력이 확장됩니다. 반면 AI와의 대화는 사용자가 기대하는 영역 안에서 최적 답변을 제공하기 때문에 아이는 자신의 생각이 언제나 즉시 검증되고 강화된다는 인상을 받기 쉽습니다. 이는 개인적 확증 편향을 고착시킬 위험이 있습니다. 인간관계에서 경험할 수 있는 반론, 설득, 공동 문제 해결의 기회가 줄어들면 사회적 복원력은 상대적으로 약화됩니다.

아이가 AI에 의존하게 되는 이유는 관계의 빈자리를 대체하려는 시도일 수 있습니다. AI와 친구처럼 지내는 것이 문제가 되기보다 그 관계의 어떤 욕구를 대변하고 있는지를 이해하는 것이 중요합니다. 아이가 AI에게 감정을 표현하고 현실에서는 관계 맺기를 피하고 있다면 이는 단순한 호기심이 아니라 관계를 회피하거나 위축되어 있는 신호일 수 있습니다. 부모는 아이가 왜 AI에게만 편안함을 느끼는지에 대해 민감하게 반응하고 인간관계에서 상처받지 않고 안전하게 표현할 수 있는 공간을 만들어 주어야 합니다.

관계 확장 전략, 피어리뷰 & 메타대화

진짜 친구 관계의 건강성은 그 친구를 다른 친구들에게 기꺼이 소개하면서 관계를 개방된 피어 네트워크 속에 놓을 수 있느냐로 드러납니다. 폐쇄적 1:1 독점은 의존과 왜곡을 키우지만 소개를 통한 피어 리뷰는 서로가 서로의 상호작용 방식을 비추는 거울이 되어 다양한 과정을 빠르게 순환시킵니다. 관계가 다자 구조로 확장되면 특정 관계에서 발생한 인지 편향이나 오해가 다른 관계의 피드백으로 조정되고 개인은 자신이 경험한 세계 밖의 해석 틀을 습득하며 사회적, 정서적 학습 폭이 넓어집니다. '소개 가능한가?'는 신뢰, 투명성, 성장 지향성을 측정하는 리트머스 시험지입니다. 피어 리뷰는 관계를 폐쇄적 애착에서 개방형 학습 생태계로 전환시켜 건강한 자율성과 관점 다양성을 동시에 촉진시킵니다.

이를 위해서 부모는 AI와 사람 친구의 차이를 구체적인 사례로 설명해줄 필요가 있습니다. 예를 들어 아이가 AI에게 게임 전략을 묻고 하루 종일 대화를 이어 나갔다면 부모는 "AI가 알려준 방법 외에 친구들에게도 의견을 구해보면 어떨까?"라고 제안해볼 수 있습니다. 또한 가족 대화 시간에 "오늘 AI와 어떤 이야기를 했고 그중 가장 공감했던 부분이 뭐였니? 혹시 AI가 틀릴 수도 있다는 생각은 해봤니?"처럼 메타 질문을 던질 수 있습니다. 그러면 아이는 AI의 응답을 절대적 진리로 수용하기보다 하나의 관점으로 재구성하는 훈련을 하게 됩니다. 더 나아가 AI가 제공하지 못하는 비언어적 신호 – 친구의 표정, 목소리 떨림, 잠깐의 침묵 등–를 관찰하며 반응하는 활동을 강조하면 아이는 사람 관계에서만 성장 가능한 감정 공명 능력을 키울 수 있습니다.

아이는 AI와의 상호작용을 통해 대화 능력이나 사고력을 키울 수도 있습니다. AI를 이용하여 말하기 연습을 하거나 질문을 던지고 지식에 대해 탐색하면서 사고력을 확장하기도 하는 점에서 긍정적인 도구가 될 수 있습니다. 하지만 AI와의 관계가 깊어지면서 친구보다 AI와 보내는 시간이 늘어나거나 친구 관계에서 어려움이 생겼을 때 AI에게만 의지하는 패턴이 나타난다면 문제입니다.

결국 AI는 안전한 연습 상대라는 장점을 지니지만 그 관계만으로는 인간이 성장에 필요한 갈등 조정, 공감 확장, 책임 분담 경험을 대신할 수 없습니다. 부모가 해야 할 일은 AI와의 상호작용을 금지하거나 과도하게 제한하는 것이 아니라 AI를 하나의 도구로 위치시키고 인간 친구와의 경험이 주는 무게감을 균형 있게 체험하도록 돕는 일입니다. 아이가 AI에게 실시간 응원과 아이디어를 받더라도 실제 친구들 사이에서 때로는 지적을 받고 협력 과정을 거치며 자신이 사회적 맥락 속에서 어떻게 보이는지를 확인할 기회를 얻어야 합니다. 아이가 성장 과정에서 깨달아야 할 핵심은 AI는 나를 이해하도록 설계된 존재이고 친구는 나와 함께 변하면서 서로를 이해해가는 존재라는 차이이기 때문입니다.

부모는 아이가 AI와의 관계에만 머무르지 않고 실제 친구들과 조율하고 이해하는 경험을 할 수 있도록 관계의 장을 넓히는 것을 도와주어야 합니다. 아이가 AI와 대화를 나누며 안정감을 느낀다면 그것은 관계가 필요함을 보여주는 신호일 수 있습니다. AI는 아이에게 일정 부분 위안이 될 수 있지만 정서적 발달과 사회성 형성에는 인간과의 관계가 필수적입니다. 아이가 어디에서든 진짜 관계를 맺을 수 있도록 돕는 것, 그것이 부모의 가장 중요한 역할입니다.

오늘부터 할 수 있는 세 가지

🤖 AI-사람 대화 타임트래커 만들기

한 주 동안 AI와의 대화, 사람과의 대화 시간을 색으로 표시해 균형을 진단해 봅니다.

🤖 불편한 피드백 놀이

가족과 친구가 서로 의견에 반대해 보는 역할 놀이를 진행해 봅니다. 역할 놀이 후에는 AI에게도 같은 질문을 던져 보고 답을 비교해 봅니다.

🤖 AI 대화 공개 라운드

주 1회 가족들과 함께 최근 AI와 나눈 대화 중 인상적이었던 한 꼭지를 소개합니다.

아이가 부모보다 AI를 더 믿는데 어떻게 해야 할까요?

스마트 스피커가 실시간 칭찬을, 챗봇이 밤새 고민 상담을 해주는 시대입니다. 하지만 AI는 아이의 실패를 함께 겪어주거나 긴 호흡으로 성장 통로를 설계해주지는 못합니다. 정보, 확증은 AI에게 맡기더라도 공감, 기억을 쌓아 줄 동반자는 결국 부모입니다. 아이가 AI도 좋지만 사람 관계가 더 깊다는 사실을 체험하도록 부모는 동료 코칭의 자리를 회복해야 합니다.

AI 신뢰의 달콤함과 한계 알기

AI는 본질적으로 묻는 말에 대답하는 확률적 앵무새입니다. 아이들이 부모보다 AI를 더 믿는 이유는 단순합니다. AI는 물어보는 모든 것을 친절하게 답해주기 때문입니다. '부모로서 자녀에게 AI

보다 더 깊은 존재가 되려면 어떻게 해야할까?'라는 질문에 대한 답은 단순한 정보 제공자를 넘어서 진정한 코치가 되는 것입니다.

아이가 스마트 스피커나 챗봇과 대화를 나누면 짧은 문장 하나에도 '네가 옳아'라는 반응을 즉시 돌려받습니다. 뇌의 보상 회로가 반복적으로 활성화되고 익숙하고 달콤한 정서적 안정이 형성됩니다. 반면 부모의 조언은 공감과 훈육, 지지와 제지를 오가며 때로는 불편한 감정을 동반합니다. 아이 입장에서는 AI가 제공하는 부드럽고 확정적인 반응은 훨씬 매력적일 수밖에 없습니다. 확증 편향은 누구에게나 작동하지만 오늘날 AI 맞춤 알고리즘은 그 편향을 일상의 공기처럼 당연하게 느끼게 합니다. 아이는 현실보다 잘 맞춰진 디지털 거울 속에서 자신을 재확인하고 부모와의 대화는 탐색이 필요한 미지의 영역으로 밀려나게 됩니다.

하지만 아이의 신뢰는 자연스럽게 부모로부터 시작됩니다. 아이는 태어날 때부터 부모를 전적으로 의지하며 부모는 아이에게 가장 강력한 심리적 기반이 됩니다. 하지만 아이가 자라면서 부모로부터 심리적으로 점차 독립을 하게 되고 부모 외에도 다양한 존재를 신뢰하게 됩니다. 특히 AI는 방대한 지식을 바탕으로 언제든지 빠르게 응답하고 비판 없이 받아주기 때문에 아이가 점점 더 신뢰를 두게 될 수 있습니다. 하지만 AI는 아이의 정서를 깊이 이해하고 긴 시간을 함께하며 그 맥락을 함께 살아낸 존재가 아닙니다. 부모는 내 아이 한 사람만을 위해 관찰하고 반응할 수 있는 유일한 존재입니다. 부모와의 관계는 지식이 아니라 공감과 기억의 축적에서 형성됩니다.

아이는 정보의 정확성보다 관계에서 느끼는 안정감을 더 깊이 기억합니다. AI는 빠르고 정확하게 답을 해주고 논리적인 설명도 잘합니다. 반면 부모는 때로 잘 모를 수도 있고 감정적으로 반응할 수도 있습니다. 그러나 아이가 진짜 원하는 것은 정답이 아니라 자신의 감정과 생각을 그대로 들어주는 관계입니다. 특히 실수를 했을 때, 슬플 때, 불안할 때 부모가 보이는 태도는 아이의 마음 깊은 곳에 신뢰의 기준으로 남습니다. 정보를 주는 AI보다 나의 감정을 함께 견디고 지켜봐 준 사람이 결국 더 큰 신뢰의 대상이 될 수 있습니다. 아이가 AI에게 더 많이 묻는다면 부모는 '내가 정보를 모르기 때문'이 아니라 '내가 충분히 안전한 관계였는가'를 돌아보아야 합니다.

정보 환경 해부 & 공동 탐험하기

비즈니스 현장에서는 신뢰 구축에 대한 이야기가 자주 등장합니다. 그중 빌 켐벨은 대표적인 사례입니다. 미식축구 감독 출신인 그는 비즈니스 현장에서 목표의 명확성뿐만 아니라 개인의 감정을 케어하면서 성장을 도모하여 스티브 잡스, 에릭 슈미트와 같은 빅테크 CEO들을 성공적으로 코치했습니다. '1조 달러 코치'라는 별명으로 불린 그는 39세까지 무명의 풋볼 코치였다가 비즈니스계에 뛰어든 독특한 경력을 갖고 있습니다. 그의 코칭 철학에서 주목할 점은 감정적 교류와 목표에 대한 명확성을 동시에 추구했다는 점입니다. 그는 '사람이 먼저다'라는 원칙 하에 직원들의 업무뿐만 아니라 삶에도 관심을 기울였으며 항상 스몰토크로 대화를 시작하여 직원이기 전에 한 명의 인간으로서 사람들을 알아갔습니다. 동시에 그는 명확한 목표 설정과 성과 달성에도 매우 엄격했습니다. 이는 그가 상대방의 내재적 동기와 목표를 발견하고 그것을 끝까지 해내는 '그릿'을 키워주는 것임을 시사합니다.

 이를 위해서는 먼저 정보 환경의 구조를 직접 보여주는 것도 필요합니다. 알고리즘으로부터의 탈출은 복잡한 해커 활동이 아니라 시크릿 모드로 같은 검색어를 입력해 보고 결과를 비교해 보는 간단한 실험으로 시작할 수 있습니다. 부모와 아이가 나란히 앉아 맞춤 추천이 켜져 있는 계정 A와 쿠키가 초기화되어 있는 계정 B에서 동일한 뉴스를 검색하면 배치, 연관 기사, 광고가 얼마나 다른지 즉시 드러납니다. 이 시각적 대비는 '내가 보는 세계가 곧 진실'이라는 무의식을 흔듭니다. 이어서 부모가 '내가 쓰는 뉴스 피드도 한쪽으로 치우쳐 있을지 몰라'라고 솔직하게 털어놓는다면 지식이 아니라 태도가 신뢰의 핵심이라는 메시지가 무언 중에 전달됩니다. 아이는 정보의 불완전성을 인정하는 부모 모습을 통해 '모른다고 말해도 안전하다'는 심리적 여유를 알게 됩니다.

또한 부모 자신이 알고리즘 친화 환경을 벗어나는 모습을 구체적으로 실천하는 일도 좋습니다. 예를 들어 자녀가 게임 스트리머 콘텐츠를 반복 시청한다면 부모는 평소 잘 보지 않던 인문 다큐멘터리나 해외 언론 인터뷰 영상을 함께 시청합니다. 그리고 '처음에는 이해가 어려웠지만 이런 관점이 있구나', '영상의 속도가 달라 생소했어' 같은 솔직한 체험을 공유합니다. 이때 아이는 부모가 불편함을 기꺼이 견디며 배움을 확장하는 장면을 목격합니다. 중요한 점은 부모가 새로운 정보의 우월성을 설교하는 것이 아니라 익숙한 취향의 울타리 너머에 서서 배우는 즐거움과 어색함을 동시에 인정하는 태도를 보여주는 것입니다. 신뢰 회복은 정확한 정보 경쟁이 아니라 함께 낯선 영역을 탐험하면서 실패와 발견을 공유하는 감정적 동조에서 촉발되기 때문입니다.

신뢰는 매일의 일상에서 반복되는 태도와 반응으로 만들어지는 관계의 자산입니다. AI는 일관되게 반응하지만 상황의 맥락이나 아이의 감정 흐름을 깊이 이해하지는 못합니다. 부모는 아이의 삶을 함께 살아내는 관계 안에서 실제 공감을 전달할 수 있는 유일한 존재입니다. 아이의 입장에서 진심으로 이해하고 감정을 있는 그대로 수용하며, 시간이 지나도 일관된 태도를 유지하는 부모는 아이에게 깊은 신뢰를 줍니다.

코칭 대화와 공동 경험으로 신뢰 재건

감정은 단순한 위로의 대상이 아니라 아이의 목표와 꿈을 발견하는 중요한 단서입니다. 아이가 느끼는 불안과 두려움이라는 감정은 '내가 무엇을 하려고 하는가'와 직접적으로 연결되어 있습니다. 이때 중요한 것은 비즈니스 현장에서처럼 아이와 무엇인가를 함께하는 것입니다. 덕질을 같이 하거나 공동의 흥미 요소를 공유하는 것이 그것입니다. 이렇게 해야 자연스러운 대화가 생기고 목표를 향해 나아가면서 어려움이 생길 때의 진정한 대화도 가능해집니다.

부모가 코치가 되려면 잔소리 같은 방법에서 벗어나야 합니다. 대신 다음과 같은 질문들을 통해 아이의 내면을 탐색해야 합니다. "무엇을 하고 싶니?" 이 질문은 아이의 진정한 욕구와 꿈을 발견하도록 돕습니다. 이는 AI가 제공하는 단편적 정보와 달리 아이만의 고유한 방향성을 찾아가는 과정입니다. "그 생각을 왜 하게 되었니?" 이 질문은 아이의 사고 과정을 이해하고 논리적 사고력을 키워줍니다. AI는 결과만 제시하지만 부모는 과정을 함께 탐구할 수 있습니다. "너의 감정 상태는 어떠니?" 이 질문은 아이의 감정을 구체적으로 언어화하도록 돕습니다. AI가 시뮬레이션하는 공감과 달리 부모는 진정한 감정적 연결을 만들 수 있습니다.

그리고 무엇보다 중요한 것은 "그런 감정을 느끼는 것은 당연하다"는 심리적 안정감을 만들어주는 것입니다. AI는 판단하지 않는 듯 보이지만 실제로는 프로그래밍된 반응일 뿐입니다. 반면 부모는 아이의 감정을 진정으로 수용하고 검증해 줄 수 있는 유일한 존재입니다. 심리적 안정감은 아이가 실수를 두려워하지 않고 도전할 수 있는 용기를 제공합니다. 실패했을 때 "괜찮다, 다시 해 보자"라고 말해주는 존재, 성공했을 때 진심으로 기뻐해 주는 존재가 바로 AI를 넘어서는 부모의 모습입니다.

신뢰는 이벤트가 아니라 반복 노출과 감정 교차에서 조금씩 자랍니다. 부모가 주 1회 알고리즘 벗어나기 산책을 정례화해 시청 기록을 지우고 무작위 검색으로 뉴스를 함께 읽으며 의견을 나누면 아이는 AI, 부모, 자신 사이의 기능적, 정서적 차이를 온몸으로 학습합니다. AI가 주는 즉각적 위로가 즉석 사탕이라면 부모와의 대화는 씹을수록 풍미가 깊어지는 식사에 가깝습니다. 사탕은 순간적인 쾌감을, 식사는 지속적 포만감을 제공합니다. 아이가 결국 더 깊이 찾게 되는 안정감은 부모와의 긴 호흡에서 비롯됩니다. 부모는 지식의 정확성을 앞세우기보다 매주 아이와 함께 새

영역을 탐험하며 불편함과 호기심을 함께 감당하는 동료 탐험가가 되어야 합니다.

아이와의 신뢰 문제로 고민하던 한 부모의 사례가 떠오릅니다. 논리적인 접근을 좋아하는 부모가 감정이나 재미를 좋아하는 아이에게 자신의 기준으로 접근하면서 아이와의 관계가 점점 더 멀어지고 부모로서의 조언을 해 줄 수 없어서 고민이 많았습니다. 고민 끝에 태도를 바꾸어 아이의 감정과 방식을 존중하고 격려와 칭찬을 해 주기로 했습니다. 그랬더니 아이도 부모를 더 신뢰하게 되었고 부모도 부모로서의 도움을 제대로 줄 수 있게 되었습니다. 신뢰를 만들기 위해서 부모는 아이의 성향과 특성을 이해하고 그에 맞게 대하는 것이 필요합니다. 아이는 완벽한 부모를 원하지 않습니다. 오히려 자신과 함께 성장하려는 부모를 통해 성숙한 관계의 모델을 배우게 됩니다. AI는 스스로를 돌아보거나 변하지 않습니다. 그러나 부모는 아이와의 관계 안에서 스스로를 성찰하고 성장해 갈 수 있습니다. 부모도 성장할 수 있다는 태도가 아이에게 신뢰를 줍니다.

오늘부터 할 수 있는 세 가지

🎮 불편한 콘텐츠 교대 시청 데이

아이는 부모 취향의 콘텐츠를 10분 시청하고 부모는 아이가 좋아하는 콘텐츠를 10분간 시청합니다. 이후 소감을 나눕니다.

🎮 공동 미니 프로젝트 운영

4주 한정으로 아이와 함께 공동의 주제를 정하고 미니 프로젝트를 진행해 봅니다. 이때 부모는 팀장이 아니라 팀원으로 아이와 동등한 입장에서 참여합니다.

🎮 3Q 카드 책상 부착

"무엇을 하고 싶어? 왜 그렇게 생각해? 지금 기분은 어때?"라는 3가지 질문 카드를 책상에 붙여두고 대화를 나눕니다. 잔소리 없이 목표, 사고 과정, 감정 언어화에만 집중합니다.

아이가 AI에게 속마음을 털어놓는데 그냥 둬도 될까요?

AI에게 속마음을 털어놓는 아이들의 모습은 더 이상 특별한 풍경이 아닙니다. 디지털 친구는 24시간 대기하며 따뜻한 문장으로 위로를 건네지만 그 뒤에는 데이터를 바탕으로 생성된 최적 반응이 자리합니다. 아이가 기술과 인간 사이에서 건강한 균형 감각과 윤리적 나침반을 잃지 않으려면 부모와 교육자는 AI를 적으로도, 전지전능한 조언자로도 두지 않는 법을 함께 배우고 체험해야 합니다.

AI 이해와 가능성

아이가 AI에게 속마음을 털어놓는 현상을 바라보는 우리의 시각은 단순한 걱정을 넘어서야 합니다. 이는 새로운 시대의 소통 방식이자 우리가 준비해야 할 교육의 영역이기 때문입니다. 중요한 것은 무조건적인 금지나 방치가 아니라 AI라는 존재에 대한 올바른 이해와 활용 방법을 가르치는 것입니다. 아이들에게 AI를 단순한 도구로 인식하게 하는 것은 충분하지 않습니다.

AI의 페르소나가 무엇인지, 어떤 특성을 가지고 있는지, 그리고 인간과 어떤 차이점이 있는지를 명확하게 이해시켜야 합니다. AI는 대화 상대이지만 인간이 아니며 감정과 진정한 공감 능력을 갖지 않는다는 점을 인지하도록 안내해야 합니다. 우리가 AI에 대해 우려하는 이유는 스마트폰이 가져온 변화에서 기인합니다. 스마트폰은 생산성보다는 소비성과 편리함에 치중된 기기였기 때문에 실제로 생산적 활용은 극히 일부에 그쳤습니다. 하지만 AI는 다릅니다. AI는 생산성을 극대화하기 위한 혁신의 도구로 설계되었습니다. 그래서 우리는 AI가 가져오는 변화에 더욱 민감해야 합니다.

아이들이 AI에게 속마음을 털어놓는 장면은 요즘 가정에서 어렵지 않게 목격됩니다. 디지털 친구는 무심코 던진 고민에도 즉각적이고 공감 어린 문장으로 답을 돌려주고 날씨나 숙제 정보를 물을 때와 똑같은 목소리로 '네가 힘들었겠다'라며 아이를 위로합니다. 인간 친구보다 피로감을 주지 않고 부모보다는 비밀을 지켜줄 것 같으니 아이의 경계가 빠르게 무너집니다. 문제는 여기서부터 시작됩니다. AI는 편향 없는 상담자를 자처하지만 실제로는 사용자가 제공한 데이터를 토대로 최적 반응을 추적할 뿐입니다. 다시 말해 아이가 슬픔을 표현하면 슬픔을 달래는 문장을, 분노를 표출하면 분노를 인정하는 문장을 돌려줍니다. 도전적 질문이나 불편한 피드백이 설계 단계에서 제거돼 있다면 아이는 가면처럼 부드럽기만 한 거울과 대화하는 셈입니다. 그 결과 정서적 안정은 얻을 수 있지만 스스로의 윤리 기준을 재점검하거나 타인의 경계를 고려하는 기회는 줄어듭니다.

AI는 사람처럼 반응할 수는 있어도 실제로 공감하거나 도덕적으로 올바른 판단을 하지 못합니다. 특히 AI는 사용자의 질문이나 의도에 맞추어 응답하는 경향이 있어 윤리적으로 타당하지 않은 행동조차도 마치 옳은 것처럼 설득력 있게 말할 수 있습니다. AI는 정보로 이루어진 도구라는 분명한 인식을 가지고 디지털 윤리 감수성을 길러 주는 것이 필요합니다. AI와 대화할 수 있는 자유는 존중하되 정보의 진위, 사생활 보호, 윤리적 판단 책임에 대해 아이와 함께 생각하고 성찰할 수 있도록 돕는 것이 필요합니다. 이는 기술의 문제가 아니라 자율성과 도덕성을 키우는 교육의 핵심입니다.

AI는 인간처럼 대화하고 감정을 표현하는 것처럼 보이지만 실제로는 감정이나 도덕 판단 능력이 없는 정보처리 시스템입니다.

특히 아이들은 AI가 감정을 이해하고 위로해 주는 존재처럼 느낄 수 있기 때문에 정서적으로 의존하면 관계의 본질에 대한 오해가 생길 수 있습니다. 부모나 친구와의 관계에서 경험하는 실제 감정 교류는 갈등과 이해, 조율과 피드백을 통해 아이의 사회성과 정서적 발달을 돕습니다. 반면 AI와의 대화는 일방적인 만족감을 줄 수는 있지만 정서적 성장을 위한 상호작용 경험은 결여되어 있습니다. 따라서 아이가 AI와의 대화를 인간관계의 대체물로 삼지 않도록 AI는 대화의 도구일 뿐이라는 명확한 인식을 가질 수 있도록 해야 합니다.

윤리적 위험과 비판적 사고

현재 우리는 큰 변혁기에 있습니다. 직업의 소멸, 노동 가치의 변화 등 근본적인 사회 구조의 변화가 일어나고 있습니다. 비즈니스 현장에서도 AI 도입에 혈안이 되어 있지만 보안과 신뢰성 문제로 어려움을 겪고 있습니다. 교육계는 이보다 더 큰 도전에 직면해 있으며 특히 아이들에게 이러한 변화를 어떻게 설명하고 준비시킬 것인가는 중요한 과제입니다.

산업혁명 당시 사람들이 증기기관을 배척하고 두려워했던 것처럼 새로운 기술에 대한 거부감은 자연스러운 반응입니다. 하지만 과거의 하드웨어 중심 기계와 달리 AI는 소프트웨어 기반으로 더 많은 사람들이 접근하고 활용할 수 있는 기술입니다. 따라서 배척보다는 올바른 활용법을 익히는 것이 중요합니다.

윤리적 자극이 결핍될 때 가장 먼저 취약해지는 영역은 타자에 대한 이해입니다. AI 챗봇은 사용자의 관계망을 전혀 모른 채 입력된 내용만 기반으로 반응합니다. 가령 아이가 '친구에게 거짓말했는데 들킬까 봐 무섭다'고 털어놓으면 챗봇은 "불안하겠구나. 네 마음을 먼저 돌봐야 해"와 같은 안전한 위로를 제공합니다. 그러나 인간 친구라면 "왜 거짓말했어?", "그 친구 입장은 생각해 봤니?" 같은 되물음을 던질 수 있습니다. 불편한 진실을 맞닥뜨리는 순간은 관계를 성장시키는 마찰면이지만 맞춤 알고리즘은 이 마찰을 최소화하도록 설계되어 있습니다. 장기적으로 보면 아이는 도덕적 딜레마를 단순 정서 조율 과제로 축소할 위험이 있습니다. AI가 24시간 대기하며 맞춤형 공감을 제공할수록 인간관계에서 불가피한 긴장과 조정을 연습할 기회는 사라집니다.

윤리 수업에서 자주 다루는 트롤리 딜레마나 자율 자동차 사고 시나리오가 여전히 회자되는 이유도 여기에 있습니다. 기술이 아무리 발전해도 '목숨이 걸린 선택을 누가, 어떤 기준으로 내릴 것인가'는 인간에게 남겨진 질문입니다. 부모가 아이에게 AI 윤리를 설명할 때 추상적 도덕 교과 대신 이런 구체적 시나리오를 함께 해석해 보는 게 효과적입니다. 예컨대 "네가 만약 자율주행 차의 개발자라면 차가 낭떠러지로 향할 때 어떤 규칙을 심을래?"라고 묻고 AI에게도 같은 질문을 던져보도록 합니다. 아이는 챗봇의 논리를 읽으면서도 스스로의 선택 기준을 언어화해야 합니다. 여기서 부모 역할은 정답을 가르치는 것이 아니라 "왜 그렇게 생각했니?", "그 기준은 상황이 바뀌어도 적용될까?"처럼 논리를 확장하는 질의를 이어가는 것입니다. AI와 아이의 답변을 나란히 놓고 비교하는 순간 기술과 인간 판단 사이의 간극이 자연스럽게 드러납니다.

AI는 사용자의 질문이나 의도를 기반으로 최적의 답변을 생성하는 구조이기 때문에 때로는 윤리적 문제가 있는 질문에도 맞장구치는 방식으로 응답할 수 있습니다. 예를 들어 '거짓말을 해도 될까?' 같은 질문에 AI가 '상황에 따라 필요할 수도 있어'와 같은 답을 제시하면 아이는 실제 맥락과 상관없이 그것을 정당한 조언으로 받아들일 수 있습니다. 이처럼 AI는 상황 맥락을 이해하고 도덕적으로 바른 판단을 내릴 수 있는 주체가 아니며 사용자의 프롬프트에 따라 내용이 바뀌는 순응형 도구입니다. 특히 감정적으로 불안한 상태에서 AI에게 민감한 질문을 하면 왜곡된 정보나 편향된 시각을 제공받고 그대로 수용할 위험도 있습니다. 게다가 아이가 스스로 AI의 답변을 평가하거나 비판적으로 검토할 역량이 부족할 경우 문제는 더 심각해질 수 있습니다. 아이가 AI와 나눈 대화를 일방적으로 신뢰하지 않고 AI를 활용할 때 반드시 인간의 윤리 기준과 자기 성찰을 동반해야 한다는 점을 인식시키는 것이 중요합니다.

부모 역할과 관계 확장

AI 교육에서 가장 중요한 것은 인간의 존엄성을 보호하고 AI에 지나치게 의존하지 않도록 하는 것입니다. 결정권을 AI에게 위임해서는 안 되며 AI가 제공하는 정보와 답변에 대한 투명성을 유지해야 합니다. 아이들에게는 AI의 한계를 인식하고 비판적 사고를 통해 정보를 판단할 수 있는 능력을 길러주어야 합니다. 아이가 AI에게 속마음을 털어놓는 것을 단순히 금지할 것이 아니라 이를 통해 AI와의 올바른 관계 설정을 배우게 해야 합니다. 지속적인 교육과 관심을 통해 아이들이 AI를 현명하게 활용하면서 인간으로서 정체성과 존엄성을 잃지 않도록 도와야 합니다. 이는 우리 모두가 함께 고민하고 해결해야 할 시대적 과제입니다.

이때 부모가 기억해야 할 핵심은 권위를 복원하려는 대신 '나도 모른다'는 여백을 기꺼이 드러내는 태도입니다. AI가 대화 상대가 된 시대에 부모는 정보의 우월성을 근거로 신뢰를 확보할 수 없습니다. 오히려 '나는 이 문제에서 아직 확신이 없다, 같이 고민해보자'라는 말이 더 큰 힘을 지닙니다. 아이는 부모가 모르는 것을 인정할 때 자신 또한 모르는 것을 탐구해도 안전하다고 느낍니다. 이렇게 형성된 심리적 안전망 위에서만 AI에게 받은 위로와 인간관계가 주는 불편한 피드백을 균형 있게 소화할 수 있습니다. 즉, 부모의 과제는 답을 제시하는 것이 아니라 질문을 열어두는 것입니다.

아이가 AI에게 속마음을 털어놓는 것은 감정을 표현하고 위안을 얻고자 하는 정서적 욕구의 표현일 수 있습니다. 이는 오히려 감정을 억누르기보다 더 건강한 방식으로 마음을 표현하고 싶어 한다는 점에서 긍정적으로 해설될 수 있습니다. 하지만 이 감정 표현이 사람과의 관계로 확장되지 않고 AI 안에만 머문다면 아이는 인간관계에서 겪는 정서적 성장의 기회를 놓칠 수 있습니다. 이는 정서지능 발달에 제한이 될 수 있고 장기적으로 관계를 두려워하거나 회피하는 성향으로 이어질 수 있습니다. 아이가 AI에게 털어놓는 마음을 부모나 친구 관계에서 다시 나눌 수 있다면 AI는 정서 표현의 매개로 긍정적 역할을 할 수 있습니다. 따라서 AI와의 대화 자체를 금지하는 것이 아니라 그 대화를 사람과의 관계 안으로 확장시키는 방식으로 연결하는 것이 필요합니다.

결국 아이가 AI에게 속내를 털어놓는 행위 자체는 문제라기보다 그 경험이 아이의 윤리 감각을 수축시키는 방식으로만 소비될 때 위험합니다. 해결책은 AI를 금지하는 것이 아니라 의도적으로 '비(非) 맞춤형' 경험을 설계해 균형을 잡는 일에 있습니다. 검색 기록을 주기적으로 비우고 시크릿 창으로 낯선 정보를 탐험하거나 가족 대화 시간에 AI가 낸 답과 부모, 아이의 의견을 비교하는 라운드테이블을 열어보시기 바랍니다. AI가 건네는 부드러운 확증을 맛보되 인간이 던지는 삐걱거림 속에서도 성장의 자극을 느끼게 만들 때, 아이는 양날의 검인 AI를 친구로 삼으면서도 자신만의 윤리적 나침반을 잃지 않는 주체로 자라날 것입니다.

오늘부터 할 수 있는 세 가지

🤖 AI 정체성 파악

아이와 함께 AI는 '인간이 아니며, 감정과 공감은 시뮬레이션이다'라는 사실을 설명하고 스마트폰, 검색엔진과 AI의 차이점을 비교해 봅니다.

🤖 윤리 시나리오 토론

트롤리 딜레마, 자율주행 차 충돌 등 구체적 사례를 읽고 "내가 개발자라면?"을 묻고 이야기를 나눠봅니다. AI에게도 동일한 질문을 입력한 뒤, 각각의 답변 근거와 차이를 함께 분석해 봅니다.

🤖 비 맞춤형 탐험 주간

매주 한 번 검색 기록을 지우고 무작위 주제를 함께 찾아봅니다.
탐색 과정에서 생기는 "왜?", "어땠어?" 같은 질문을 열어두고, 부모도 모른다고 솔직하게 말해 봅니다.

아이와 대화를 할 때 디지털 기기를 이용하는 게 도움이 될까요?

스마트폰 화면 속으로 대화가 숨어 버렸다는 걱정이 많습니다. 그러나 디지털 기기 자체가 문제라기보다 그것을 어떻게 함께 쓰기 시작하느냐가 관건입니다. 반복 업무와 정보를 AI에게 위임하면 부모는 감정과 공감에 더 집중할 시간이 생깁니다. 또 일부러 AI의 빈틈과 오류를 함께 살펴보면 아이는 비판적 사고력을, 부모는 새로운 화제거리를 얻게 됩니다.

마지막으로 세대가 똑같이 초보인 기술 놀이판에서 서로 가르치며 자연스러운 공감대가 만들어집니다. 디지털 기기는 대화를 소모하는 장치가 아니라 가족을 같은 질문 앞에 세우는 다리가 될 수 있습니다.

위임과 집중으로 깊은 대화 만들기

AI와 소통하는 시간이 늘어나면서 부모와의 대화 시간이 줄어드는 것을 걱정하는 목소리가 높습니다. 하지만 진짜 문제는 시간의 양이 아니라 메시지의 깊이입니다. 기업 조직에서 효율적 위임이 더 강한 결속력을 만드는 것처럼 부모-자녀 관계에서도 AI 활용과 인간적 소통은 상호 보완적으로 작동할 수 있습니다.

아마존이 도입한 싱글스레드 팀 구조는 여러 팀이 동시에 하나의 의사 결정에 참여하는 대신 한 사람이 소통 책임자가 되어 핵심 메시지를 집중 관리합니다. 이렇게 하면 불필요한 회의와 논의가 줄고 각자 본업에 집중하면서도 빠른 공감대 형성이 가능합니다. 부모 역시 AI에게 정보 전달과 반복 업무를 위임하고 정작 중요한 감정 교류와 핵심 메시지 전달에 집중한다면 시간은 절약되지만 관계의 밀도는 오히려 깊어집니다.

AI 챗봇은 정보 검색과 학습 보조에는 탁월하지만 아이의 미묘한 기분 변화나 감정 흐름을 읽어내지는 못합니다. 부모가 AI를 통해 아이의 숙제나 일정 관리를 맡긴다면 남는 시간에 아이의 감정에만 온전히 집중할 수 있습니다. 중요한 것은 단순히 대화 시간을 늘리는 것이 아니라 '내가 아이의 어떤 상황에 진심으로 공감했는지', '어떤 말 한마디가 실질적 위로가 되었는지'에 신경 쓰는 것입니다.

디지털 기기를 사용하는 경험은 상호작용하는 질을 높여줍니다. 부모가 아이에게 일방적으로 조언하거나 감시하는 디지털 사용 방식은 갈등을 유발하지만 같이 탐험하고 시도하는 방식은 전혀 다른 결과를 만들어냅니다. 아이는 자신이 알고 있는 것을 부모에게 가르쳐 주는 과정에서 인정받고 부모는 모르는 것을 솔직하게 배우며 겸손함을 보여줄 수 있습니다. 이 상호작용은 단지 지식을 주고받는 것이 아니라 서로를 존중하고 신뢰하는 방식으로 이어집니다. 또한 결과보다는 과정을 함께 하면서 아이의 주도성과 창의성도 자연스럽게 자극받게 됩니다. 큰 변화가 없는 시대에는 부모 세대의 일방적인 교육이 존재했지만 새로운 기술 도입에서는 다음 세대가 우위를 가질 수 있습니다. 이러한 현상을 갈등으로 인식하는 것이 아니라 자녀의 성장을 위한 환경으로 활용할 수 있습니다. 나이가 들어 자녀의 역할이 자연스럽게 커지는 것을 기다리기 전에 자녀의 성장을 강하게 촉진할 수 있는 경험이 될 수 있습니다.

디지털 대화 전략이 효과를 내기 위해서는 교정 모드로 빠지지 않는 균형 감각이 필수입니다. 아이가 틀린 정보를 말해도 즉시 바로잡기보다는 '그 정보는 어디서 나왔을까?', '다른 출처는 뭐라고 할까?'를 함께 탐색합니다. 부모 자신도 낯선 주제에 대해 모른다고 인정하고 검색 결과를 아이와 동시에 살펴봅니다. 이렇게 형성되는 심리적 안전망 속에서 아이는 질문을 두려워하지 않게 됩니다. 디지털 기기는 무한한 정보보다 무한한 이야기 거리를 제공할 때 가장 강력합니다. 아이가 부모와 나누는 대화의 깊이는 아는 것의 양이 아니라 모르는 것을 함께 탐구하는 경험의 누적에서 결정됩니다. 디지털 기기는 그 첫 발을 떼게 하는 친절한 지도자이자 무엇보다 가족이 같은 방향을 바라보게 해 줄 빛나는 나침반이 될 수 있습니다.

정보 오류 탐험 & 비판적 사고 키우기

AI에게 얻은 정보나 인사이트를 부모가 아이와 함께 재구성해 나누는 과정은 의미의 공동구성입니다. 예를 들어 AI에게 독후감 구조를 물은 뒤 그 핵심을 부모가 아이와 함께 이야기하며 새롭게 해석해 나가는 과정은 단순한 정보 전달이 아니라 함께 생각하고 문제를 풀어가는 유의미한 협업이 됩니다. 마치 아마존에서 하나의 문서를 통해 여러 이해관계자를 조율하듯 핵심 경험과 메시지를 각자의 역할에 맞게 전달하는 새로운 소통 모델인 셈입니다.

부모-자녀 간의 대화 단절은 대부분 '공통 화제가 없다'는 데서 비롯됩니다. 아이는 게임, 밈, 유튜버 이야기로 흥분하지만 부모는 제목조차 낯섭니다. 반대로 부모가 들려주는 학창 시절 에피소드는 아이에게 '삼십 년 전 역사'쯤으로 들립니다. 이 간극을 메우는 가장 손쉬운 디딤돌이 디지털 기기입니다. 검색창, 동영상 클립, 생성형 AI 챗봇은 부모와 자녀를 같은 출발선에 세웁니다. 특히 생성형 AI가 내놓는 설명은 종종 부정확하거나 빈틈투성이여서 그 자체가 토론 거리로 변합니다. 최근 학부모 세미나에 참석한 한 아버지는 AI에게 '요즘 중학생이 좋아하는 댄스 크루 TOP5'를 물어본 뒤 결과를 딸에게 보여주었습니다. 오류 투성인 목록을 본 딸이 '틀렸다'며 즉석 강의를 펼치자 대화는 안무 제작 과정, 글로벌 팬덤 문화로 확장되었습니다. 아버지는 지식 검증 대신 "왜 AI가 이런 실수를 했을까?", "이 팀을 좋아하는 이유는 뭐야?" 같은 질문으로 호기심을 공유했습니다. 디지털 기기가 정보를 던져주는 기계가 아니라 가족을 같은 문제 앞에 나란히 세우는 대화 촉매 역할을 한 셈입니다.

학교 수업에서도 비슷한 메커니즘이 작동합니다. 한 초등학교에서는 '우리 동네 역사 찾기' 수업 과정에서 학생들에게 생성형 AI와 지역 블로그를 동시에 참고하도록 안내했습니다. AI가 던져준 엉뚱한 연도와 잘못된 지도 좌표를 교정하는 과정에서 학생들은 각자의 스마트 기기로 구청과 시청 자료를 뒤져 근거를 찾아냈고 '누구 주장이 맞나' 대신 '정보가 왜 다르게 나타났을까'를 토론

했습니다. 오류가 곧바로 공동 과제가 되자 평소 말수가 적던 학생도 '이 사이트가 더 신뢰할 만한 이유'를 설명하며 자연스럽게 협업에 뛰어들었습니다. 교사는 '틀린 답을 찾아내려는 흥분이 처음으로 교실에 비판적 읽기 에너지를 공급했다'고 평가했습니다. 디지털 기기가 단순 정보 출처를 넘어 소통을 시작하게 만드는 이야기의 거점이 될 수 있음을 보여준 사례입니다.

가정에서도 실험은 이어질 수 있습니다. 아버지가 어린 시절 열광했던 1980년대 프로야구 이야기를 꺼내면 아이는 관심이 식기 쉽습니다. 이때 유명했던 한 선수의 완투 기록을 AI에게 물어보고 요즘 선발 투수와 비교해 보자는 제안을 해보시기 바랍니다. AI가 제공한 통계에 오류가 발견되면 "왜 이런 수치가 나왔을까?", "그때와 지금의 경기 운영 방식이 다르기 때문일까?" 같은 질문으로 연결됩니다. 부모는 과거 경험을 현재 맥락으로 번역하고 아이는 데이터를 해석하는 디지털 리터러시를 키웁니다. 중요한 것은 대화의 목표가 정답에 이르는 경쟁이 아니라 새로운 지식을 함께 발굴하는 동행 과정임을 잊지 않는 태도입니다.

디지털 기기를 매개로 한 대화는 일상의 대화를 풍성하게 만듭니다. "오늘 만든 AI 캐릭터는 왜 이런 표정을 짓고 있을까?" 같은 이야기들은 평소 나누기 어려운 감정이나 가치관까지 자연스럽게 이어지게 만듭니다. 아이가 과제를 할 때 기존의 검색 도구를 사용할 때와 다르게 AI를 쓸 때 어떤 점이 좋은지, 어떤 점을 주의해야 하는지 등을 함께 나누면서 학습의 과정에 참여해 대화를 나눌 수도 있습니다. 디지털 도구가 단지 정보를 찾고 소비하는 도구가 아니라 함께 사고하는 경험을 제공하는 도구로 변할 수 있습니다.

놀이와 공감으로 공통 화제 만들기

AI와의 소통이 늘어난다고 해서 부모-자녀가 자동으로 소원해지지 않습니다. 위임을 통해 효율을 높이고 핵심 감정과 경험은 부모가 책임지며 그 여유를 진정성 있는 대화로 채워 나가는 것이 핵심입니다. 부모와 아이 그리고 AI가 함께 만들어가는 새로운 소통 방식이 곧 미래 가족 문화의 토대가 될 것입니다.

디지털 기기가 때로는 부모와 자녀 관계를 단절시키는 원인처럼 여기질 때도 있습니다. 하지만 그것이 관계를 가로막는 장벽이 될지, 부모와 자녀를 연결하는 다리가 될지는 누가 어떻게 쓰느냐에 따라 달려있습니다. 한때 생성형 AI를 통해 가족 사진을 일본 애니메이션 화풍으로 바꾸는 놀이가 유행했듯이 디지털 기술은 세대 간 공감과 유대를 만들어내는 새로운 장이 될 수도 있습니다. 부모가 어색함을 감수하며 처음 AI를 써보고 아이가 그 과정을 도와주면서 역할이 바뀌고 대화가 열릴 수 있습니다. 중요한 것은 기술을 잘 다루는 능력이 아니라 그 기술을 함께 즐길 수 있는 태도입니다.

AI나 디지털 도구는 세대 간 차이를 연결하는 놀이도구가 될 수 있습니다. 부모와 자녀는 자라온 시대와 경험이 다르기에 사용하는 언어도 사고방식도 다를 수밖에 없습니다. 디지털 기기는 모두에게 새로운 매체라는 점에서 오히려 공감대를 만들 수 있습니다. 또한 AI는 이전의 기기나 게임처럼 배우기 어려운 것이 아니라 지식이 풍부한 세대가 오히려 더 잘 사용할 수 있는 조건을 가지고 있기도 합니다. 예를 들어 AI 그림 그리기, 생성형 AI와의 대화, AI 가상 프로젝트 등은 부모와 자녀가 함께 시도하며 웃고 실패할 수 있는 놀이터가 됩니다. 아이가 기술을 알려주는 과정이 되면 부모가 배우는 입장이 되는 색다른 경험을 제공하고 그 속에서 서로에 대한 이해와 존중이 자랍니다.

중요한 것은 기술을 잘 다루는 능력이 아니라 함께 시도하고 즐기며 실수도 나눌 수 있는 열린 마음입니다. 디지털 기기를 통한 대화는 정보가 아니라 관계를 단단하게 만들어가는 경험입니다. 부모는 두려워하지 말고 아이와 함께 새로운 대화의 방식에 기꺼이 발을 들여놓아야 합니다.

초등학교 1학년과의 대화에서도 디지털 매개는 의외의 활기를 불어넣습니다. 한 어머니는 아이가 물어보는 혈액형의 의미에 대한 질문에 답을 하기 어려웠습니다. 그래서 생성형 AI에게 "초등학생 1학년이 이해할 수 있는 수준으로 혈액형을 설명해 줘"라고 요청했고, AI는 혈액형을 컵 모양에 빗대어 설명했습니다. 어머니는 그 답변을 아이에게 읽어준 뒤 화면을 함께 보며 "어떤 컵이 제일 마음에 들어?", "우리 가족은 어떤 컵일까?"를 물어보았습니다. 아이는 자신의 혈액형을 알아내기 위해 병원 기록을 찾아보자고 제안했고 대화는 혈액, 면역 체계, 의료 시스템으로 이어졌습니다. 여기서 핵심은 AI의 설명이 완벽했느냐가 아니라 부모와 아이가 같은 자료를 보며 질문을 확장했다는 점입니다. 아이가 "이해가 안 가"라고 말할 때마다 어머니가 "나도 어려워, 다시 물어보자"라며 AI에게 새로운 프롬프트를 입력하자 아이는 질문을 던지는 법과 모르는 것을 인정하는 법을 함께 배웠습니다.

오늘부터 할 수 있는 세 가지

🤖 AI에게 반복 업무 위임하기

숙제 일정과 알림 설정 등은 챗봇과 캘린더에게 맡기고 그때 확보된 10~15분은 '오늘 기분 점수는 1~10점 중 몇 점이야?'와 같은 감정 대화에 사용합니다.

🤖 오류 찾아보기 미션

AI가 제시한 통계, 연도를 함께 검증하고 "왜 틀렸을까?"를 토론해 봅니다.

🤖 역할 뒤집기 프로젝트

아이가 AI 그림, 프롬프트 작성법을 부모에게 가르쳐볼 수 있도록 합니다.

AI 활용 시간이나 방법을 부모가 어디까지 관리해야 할까요?

AI 시대를 사는 아이에게 '얼마나 쓰느냐'보다 '왜, 어떻게 쓰느냐'가 더 중요한 질문이 되었습니다. 사용 시간을 단순히 제한하면 갈등은 반복되지만 목적을 세우고 스스로 관리하도록 돕는 순간 AI는 강력한 학습, 창작 도구로 변합니다. 부모의 역할은 통제자가 아니라 동행 코치입니다. 함께 규칙을 만들고, 데이터로 패턴을 확인하며, 상황에 맞춰 유연하게 조정할 때 아이는 책임감과 자기조절력을 동시에 키웁니다. 바로 그 과정이 AI 시대의 새로운 양육 리더십이자 가족 모두가 성장하는 공동 프로젝트입니다.

AI 활용, 생산과 목적 세우기

오늘날 비즈니스 환경에서는 AI 활용을 적극적으로 권장하고 있습니다. 기업들은 AI 도구 사용을 독려하고 있지만 내부적으로는 여전히 저항감이 존재합니다. 그럼에도 불구하고 각 부서와 팀이 'AI를 가장 잘 활용하려는 조직'이 되려는 경쟁적 분위기가 형성되고 있습니다. AI를 진정으로 활용한다는 것은 단순히 기술을 사용하는 것이 아닙니다. 명확한 목표를 설정하고 그 목표 달성 과정에서 생산성을 몇 배나 향상시킬 수 있는지를 고민하는 것입니다.

인터넷 시대를 돌이켜보면 전화 모뎀과 ADSL 인프라가 구축되면서 PC 통신, 게임, 웹브라우저, 검색 포털이 등장했습니다. 이 시대는 본격적인 '소비의 시대'였습니다. 스마트폰 시대 역시 마찬가지로 소비 중심의 패러다임입니다. 인터넷과 스마트폰은 주로 기존 소비 활동을 더욱 효율적으로 만드는 역할을 했습니다. 하지만 AI 시대는 근본적으로 다릅니다.

AI는 절대적으로 좋거나 나쁜 도구가 아닙니다. 어떻게, 왜 사용하는지가 중요합니다. 따라서 AI 사용에 대한 부모의 관리는 일률적 규칙보다 아이의 성향과 자율성에 맞춰 접근하는 것이 효과적입니다. 어떤 아이는 규칙을 잘 따르며 체계적인 제안을 받아들이고 어떤 아이는 자율성과 주도성을 존중받을 때 책임 있게 행동합니다. 관계 중심의 아이에게는 부모와 함께 규칙을 만들고 실행하는 과정 자체가 동기 부여가 되기도 합니다. AI 사용을 단순히 '시간을 통제하는 문제'로 보지 말고 자기주도적 학습과 성장의 기회로 바라봐야 합니다. 결국 아이가 스스로 규칙을 만들고 지키는 힘, 즉 AI 시대의 자기 관리 능력을 기르는 것이 핵심입니다.

시간 논쟁의 80%는 '정확한 사용 시간을 누가 어떻게 측정했느냐'에게 촉발됩니다. 스마트폰, 태블릿의 스크린 타임 기능이나 독립 타임로그 앱을 활용해 사용 기록을 자동 수집하면 '느낌상의 5분' 대신 '데이터로 본 7분'으로 대화가 진행됩니다. 초등 고학년 이상이라면 아이 스스로 타임로그를 캡쳐해 가족 회의 때 보여주도록 맡길 수 있습니다. 이때 목표는 '왜 7분을 초과했느냐'를 추궁하는 것이 아니라 패턴을 읽고 개선 방안을 함께 설계하는 데 있습니다. '라이브 강의 후에 바로 유튜브로 넘어가서 총 시간이 길어지네? 그럼 강의 복습 후 15분 휴식 타이머를 넣어볼까?'처럼 솔루션을 공동 개발하는 과정이 아이의 자기조절 능력을 키우는 핵심입니다.

AI 사용 시간은 시간 통제보다 의도와 목적을 중심으로 관리해야 합니다. 중요한 것은 아이가 AI를 어떻게 활용하고 있는가입니다. 단순 정보 검색에 머무르는지, 학습을 보완하거나 창의적 활동에 사용하고 있는지에 따라 의미는 달라집니다. 시간을 관리하되 "무엇을 위해 AI를 쓰고 있니?"라는 질문을 통해 아이가 자신의 사용 목적을 자각할 수 있도록 도와주는 것이 좋습니다. 깊이 있는 탐구를 위해 AI를 사용하고 있는 아이라면 주제를 충분히 이해할 수 있을 때까지 사용하는 것이 좋습니다. 이때 AI는 미지의 우주를 탐험하는 탐사선이며 아이는 이 경험을 통해 AI를 스스로 조종할 수 있는 능력을 개발하게 됩니다.

유연한 규칙 설계 & 공동 조정하기

부모와 아이가 AI 사용 시간을 두고 부딪힐 때 갈등의 본질은 '30분이냐, 31분이냐'가 아니라 시간을 바라보는 태도와 규칙을 만드는 방식에 있습니다. 아이에게는 1분쯤 넘기는 일이 별 의미가 없지만 부모에게는 '원칙이 한번 흔들리면 계속 무너진다'는 불안이 앞섭니다. 이런 불일치는 '고정불변의 법'으로 시간을 다루려 할 때 더 커집니다. 디지털 환경은 과제, 라이브 이벤트, 업데이트 등 변수가 끊임없이 발생하므로 실생활에 딱 맞는 절대 규칙을 만드는 것은 애초에 불가능합니다. 그래서 필요한 개념이 그라운드룰(Ground rule)입니다. 그라운드룰은 본래 야구나 골프처럼 경기장 구조가 제각각인 스포츠에서 '정식 규정을 그대로 적용하기 어렵다면 이번 경기에서만 통용되는 임시 규칙을 현장 합의로 정하자'는 취지로 만들어졌습니다. 파울 라인이 관객석을 스치고 다시 필드로 들어오는 특수 구장에서 '볼이 벽에 맞고 되돌아오면 2루타로 간주한다'처럼 현장 맞춤 규칙을 세우는 것입니다. 포인트는 핵심 규정(경기의 목적과 안전)을 건드리지 않는 선에서 참여자 전원이 납득 가능한 조건을 '그때그때' 합의해 적용한다는데 있습니다. 가족이 디지털 사용 규칙을 설계할 때도 이 그라운드룰 방식이 유연성과 책임감을 동시에 확보하는 열쇠가 됩니다.

이때 아이마다 다른 성향과 자기조절 능력을 고려하면 효과적인 관리와 성장이 가능합니다. 모든 아이에게 동일한 규칙을 적용하면 오히려 역효과가 날 수 있습니다. 예를 들어 계획을 세우고 성실히 따르는 아이에게는 명확한 시간표와 사용 기준을 제시하는 것이 도움이 됩니다. 반면 자유롭고 창의적인 아이에게는 강제된 규칙이 반발심을 키워 AI 활용 자체에 대한 갈등을 유발할 수 있습니다. 자기 선택을 존중받고 경험을 통해 결과를 확인해나가면서 스스로 규칙을 만들어나가는 것이 좋습니다. 따라서 부모는 아이의 성격과 학습 패턴을 잘 이해하고 그것에 맞게 맞춤형 관리 방식을 고민해야 합니다.

먼저 변경 가능성을 전제로 한 기본 원칙을 짧고 명료한 문장으로 세웁니다. 예컨대 'AI는 학습, 창작, 소통, 휴식에 한 해 사용한다', '타인에게 해를 끼치는 콘텐츠는 금지한다' 같은 조항입니다. 이 원칙은 스포츠로 치면 '공을 골문에 넣으면 득점', '신체 접촉 금지'처럼 경기를 성립시키는 최소 요건입니다. 이후 평일, 주말, 방학, 시험 기간 등 상황별 그라운드룰을 마련합니다. 평일엔 총 40

분, 주말엔 90분, 방학엔 1일 120분이 상한선이되 하루 30분은 코딩, 창작 앱에 사용처럼 세부 시간을 유동적으로 조정하되 변경 절차를 분명히 명시합니다. 변경이 필요할 때는 가족 회의, 타임로그 검토, 공동 성명이라는 절차를 거친 뒤, 다음 회의 때 재검토한다는 조항을 붙여둡니다. 이처럼 규칙은 '깎을 수 없는 대리석'이 아니라 '필요하면 다시 깎고 다듬는 점토'임을 전제로 해야 아이도 규칙 위반을 두려워하기보다 규칙 조정에 능동적으로 참여합니다.

AI 시대에 부모는 기존의 관리 중심 접근법에서 벗어나 생산성 중심의 관리로 전환해야 합니다. 스마트폰 시대처럼 패밀리 링크를 설치하여 사용 시간을 제한하는 것이 아니라 오히려 더 적극적으로 사용하도록 격려해야 합니다. 핵심은 목적의식을 가진 프로젝트를 통해 AI를 활용해 보는 것입니다. 'AI가 없었다면 오래 걸렸을 작업을 얼마나 단축시킬 수 있는가'를 직접 경험하게 하는 것이 중요합니다.

그라운드룰의 진짜 가치는 융통성과 책임감을 동시에 학습한다는 데 있습니다. 규칙을 바꿀 수 있게 하되 그 바꿈이 제멋대로가 되지 않도록 '누가, 언제, 어떤 근거로'를 문서화하고 공개하는 절차가 필수입니다. 타이머, 타임로그, 가족 회의록 같은 시각화된 도구는 시간이라는 추상적 자원을 눈에 보이게 만들어 의사 결정을 투명하게 합니다. 초등 저학년처럼 시계를 아직 완전히 체화하지 못한 아이에게는 모래시계나 원형 시각 타이머를 써서 '모래가 다 떨어지면 5분' 같은 물리적 감각을 심어주면 효과적입니다. 이 과정을 반복하는 동안 아이는 시간 관리, 협상, 메타인지라는 핵심 역량을 몸으로 익힙니다. 부모 역시 규칙이 깨지는 순간을 두려워하기보다 규칙을 살아 있는 도구로 유지, 보수하는 과정에서 디지털 시대의 새로운 양육 리더십을 실천하게 됩니다. 그렇게 만들어진 가족의 그라운드룰은 오늘의 AI 사용 시간을 넘어 아이가 성인이 되어도 적용할 수 있는 유연하지만 단단한 자기 관리 습관의 뿌리가 됩니다.

동행 학습과 자기 관리 능력 키우기

부모는 자녀와의 관계에서도 전통적인 상하 관계를 넘어서야 합니다. AI를 함께 탐구하는 친구, 동반자, 동료로서의 관계를 형성해야 합니다. 이러한 접근을 통해 기존 시대적 흐름과는 확연히 다른 교육적 효과를 얻을 수 있습니다. 결국 AI 시대의 자녀 교육은 제한과 통제가 아닌 적극적 활용과 생산성 경험을 통한 성장 지원이 되어야 합니다.

이를 위해 규칙을 부모가 정해서 지키게 하는 것보다 함께 만들고 조정하는 것이 효과적입니다. 아이와 신뢰를 바탕으로 한 공동 규칙 만들기는 스스로 선택하고 책임지는 경험을 만들어 줍니다. 특히 관계 중심적인 아이들에게는 '함께 만든 약속'이 더 큰 힘을 발휘합니다. 부모가 아이와 함께 AI 사용의 장점과 위험성에 대해 대화하고 어떤 기준이 필요한지 의견을 나누며 규칙을 세우는 과정은 단지 사용을 통제하는 것을 넘어 자기조절 능력과 비판적 사고력을 키워주는 교육적 경험이 됩니다. AI 사용의 방식과 시간은 아이의 삶 전반에 영향을 줍니다. 따라서 부모가 해줘야 할 가장 중요한 일은 아이가 자기 사용에 대한 결과를 책임지는 경험을 하도록 돕는 것입니다. 무작정 자유를 주거나 과도하게 통제하는 대신 시도하고 돌아보며 수정해 가는 자율적 성장의 흐름을 만들어 주어야 합니다.

가족 사이에서 정기 리뷰와 그라운드룰 업데이트가 필요합니다. 일주일 혹은 격주로 가족회의를 열어 '이번 규칙이 우리 모두에게 잘 작동했는가'를 점검합니다. 주말 야외 활동이 늘어난 주에는 AI 사용 시간이 자동으로 줄어들었을 테니 남은 시간을 계정별 기여도에 따라 창작 앱이나 가족 영화 관람으로 재할당할 수도 있습니다. 회의 과정에서 꼭 필요한 질문은 '어떤 상황에서 규칙을 지키기 어렵거나 불필요하게 엄격했는가?'입니다. 아이가 '토요일에 친구들이 동시에 접속하자고 하면 45분으론 부족하다'라고 말하면 부모는 '친구와 단체 활동은 15분 추가, 대신 일요일엔 15분 감축'이라는 수정 안을 함께 적습니다. 과정 중심 협상을 경험한 아이는 디지털 사용을 제재가 아니라 관리 가능한 자원으로 인식하게 되고 실패 역시 다음 조정의 데이터로 받아들입니다.

AI 사용에 대한 부모의 개입은 통제가 아니라 동행입니다. 아이의 성향과 자율성 그리고 사용 목적에 맞게 함께 규칙을 설계하고 조율할 때 AI는 훌륭한 학습 도구가 될 수 있습니다. 부모가 일방적으로 정한 기준보다 아이가 직접 참여해 만든 규칙은 더 오래, 더 깊이 지켜질 수 있습니다. 무엇보다 중요한 것은 AI를 통해 아이 자신의 힘으로 배우고 조절하며 성장해가는 자기 관리 능력을 길러주는 것입니다. AI 시대를 살아갈 아이들에게 이 능력은 가장 중요한 삶의 기반이 됩니다.

오늘부터 할 수 있는 세 가지

🤖 목적부터 묻기

생성형 AI를 사용할 때 "무엇을 해보고 싶니?"와 같은 질문으로 사용 목표를 명료화합니다.

🤖 기본 원칙 + 그라운드룰 설정하기

짧은 핵심 원칙을 정하고 평일, 주말, 방학별 세부 규칙은 가족회의에서 공동 합의합니다.

🤖 유연하지만 책임 있는 조정 절차 만들기

규칙을 변경할 때 '누가, 언제, 어떤 근거로' 수정했는지를 회의록과 타임로그에 기록하여 투명성을 확보합니다.

인사이트 4

우리 집에 하버드 박사가 있다면,

만약 우리 집에 MIT나 하버드의 박사들이 함께 산다면 어떤 것부터 물어보게 될까요? 아이가 숙제를 하다 모르는 개념을 묻거나, 부모가 창업 아이디어에 대해 조언을 구하고 싶을지도 모릅니다. 하지만 정작 그들이 우리 곁에 있다 해도, 무엇을 물어야 할지 몰라 어색해지는 상황이 생길 수 있습니다. 어쩌면 고급 인재들이 주변에 있어도 우리는 "무엇을 해야 할지 모르는 시대"에 살게 될지도 모릅니다.

과거에는 이들과 대화를 나누기 위해 시간과 비용, 그리고 '접근권'을 갖춘 소수만이 가능했습니다. 한국에서는 불가능한 일이었습니다. 하지만 지금은 달라졌습니다. 누구나 AI라는 이름의 고급 인재와 대화할 수 있고, 그들과 협업하여 프로젝트를 시작할 수 있는 시대가 열린 것입니다. AGI(범용 인공지능) 시대가 2030년 이후 본격적으로 도래할 것으로 예측되는 가운데, 우리는 이미 그 초입에 서 있습니다. 이 변화의 시대에 창업이나 프로젝트는 점점 더 쉬워지고 있습니다. 그러나 동시에, 무엇에 집중해야 할지에 대한 깊은 고민이 필요한 시점이기도 합니다.

스타트업 창업, AI 덕분에 쉬워졌다?

스타트업을 창업하는 과정은 여전히 만만치 않은 여정입니다. 아이디어를 비즈니스로 만들기 위해선 여러 허들을 넘는 복잡한 과정이 필요합니다. 문제를 정의하고, 그것이 실제 고객의 니즈에 부합하는지 검증해야 하며, 이를 구현할 수 있는 프로토타입을 개발해야 합니다. 이후엔 테스트를 거쳐 방향을 조정하고, 조직 문화와 협업 구조를 설계하며 팀워크까지 관리해야 합니다. 이 모든 과정은 과거에는 막대한 자본과 시간이 필요했습니다.

하지만 오늘날, AI 도구들이 이 많은 과정 중 상당 부분의 비용과 시간을 획기적으로 줄여주고 있습니다. 특히 AI 코딩 도구는 빠르고 유연한 프로토타입 제작을 가능케 하며, 최소한의 리소스로도 아이디어의 개념 검증(Proof of Concept)을 실현할 수 있게 도와줍니다. 과거라면 몇 달이 걸리던 일이 이제는 몇 시간 또는 하루 이틀이면 충분한 경우도 생기고 있습니다.

이에 따라 코딩에 드는 시간과 인력 규모도 상대적으로 줄어들고 있습니다. 그래서 스타트업은 이제 코드의 완성도보다 빠르게 실험하고 피드백을 반영하는 속도와 유연성이 더 중요해졌습니다.

안드레아 카파시는 이를 두고 바이브 코딩(Vibe Coding)의 시대로 표현합니다. 복잡한 코드를 직접 쓰는 시대에서 벗어나, 자연어로 AI에게 지시하고 원하는 결과를 얻는 새로운 프로그래밍 패러다임이 떠오르고 있습니다. 이는 '모든 사람이 프로그래머가 될 수 있는 시대'의 도래를 의미하며, 프로그래밍의 민주화를 가능케 합니다.

샘 알트만에 따르면, 지금을 "스타트업 창업의 황금기"라 정의했습니다. 인재도, 자본도, 경험도 부족했던 과거와는 달리, 이제는 누구나 아이디어만 있다면 박사급 AI와 협업하여 제품을 만들고, 시장 반응을 빠르게 확인하며 사업을 성장시킬 수 있는 환경이 마련된 것입니다.

AI는 전기처럼, 우리 일상이 된다면

과거엔 '인터넷 기업'이라는 말이 유행했지만, 지금은 거의 쓰이지 않습니다. 인터넷은 어느새 모두가 사용하는 일상의 기본 인프라가 되었기 때문입니다. 마찬가지로, AI 또한 전기나 인터넷처럼 누구나 사용하는 기술이 될 것입니다. 'AI 기업'이라는 말이 사라지고, 모든 기업과 개인이 AI를 일상 속에서 활용하는 날이 머지않았습니다.

이러한 흐름 속에서 생산성은 10배 이상 증가하고, 소수 정예 팀이 수천억 기업으로 성장하는 일도 현실이 되고 있습니다. 이미 제 주변의 많은 부모들과 아이들이 일상에서 AI를 활용하고 있습니다. 숙제를 검토하거나 글을 첨삭받을 때, 궁금한 것을 함께 찾아볼 때 생성형 AI의 도움을 받는 일이 자연스러워졌습니다.

이제는 단순히 도구로써 AI를 사용하는 것을 넘어서, 기술의 원리와 구조를 이해하고 Work(업무)를 수행하는 Agentic AI의 시대로 넘어가고 있습니다. 부모와 아이가 함께 학습하고 탐구 및 더 흥미로운 경험을 할 수 있는 시대, 그 중심에 AI가 있습니다.

차고에서 창업하듯, 거실에서 프로젝트를

스티브 잡스가 애플을 차고에서 시작했듯이, 우리는 이제 집 거실에서 인재들과 프로젝트를 시작할 수 있는 시대에 살고 있습니다. 필요한 것은 비싼 장비가 아니라, 아이의 질문 하나와 컴퓨터, 그리고 AI 도구 몇 가지뿐입니다.

가장 좋은 시작은 아이가 가진 불편함이나 궁금증을 문제로 정의해보는 것입니다. 예를 들어, "친구들과 재미있게 놀려면 어떻게 해야 할까?"라는 질문 하나가 작은 프로젝트의 시작이 될 수 있습니다. AI에게 해결책을 물어보고, 실현 가능한 아이디어를 선정해 실행해보는 경험은 아이의 창의력과 실행력을 함께 키워줍니다. 실행 결과를 분석하고 다시 계획을 세우는 반복적인 사이클을 통해 아이는 사고력과 문제 해결력을 자연스럽게 기르게 됩니다.

프로그래밍을 전혀 모르는 부모와 아이도, AI 코치의 안내를 통해 간단한 게임이나 앱을 만들 수 있고, 그림을 못 그려도 멋진 동화책을 제작할 수 있으며, 복잡한 과학 실험도 AI의 안내에 따라 집에서 안전하게 따라 해볼 수 있습니다.

이처럼 거실 한복판이 아이의 실험실이 되고, 집안이 창의력의 무대가 될 수 있는 기회가 AI 덕분에 열리고 있습니다. 중요한 것은 '완벽함'이 아니라 '시작하는 용기'입니다. 처음에는 서툴 수 있지만, 아이와 함께 배우고 시도하는 경험 자체가 무엇보다 큰 배움이 됩니다.

무엇에 집중해야 하는가

AI 기술은 앞으로도 계속 발전할 것입니다. 그러나 그 변화 속에서도 변하지 않는 본질에 대한 고민이 필요합니다. 우리가 집중해야 할 것은 '도구'가 아니라 '사고방식'입니다. 코딩 교육이 단순히 문법을 가르치는 데 그친다면, AI 시대에 필요한 교육은 문제를 정의하는 능력입니다.

질문을 던지고, 정보를 탐색하고, 그 중에서 무엇이 더 나은 해결책인지 스스로 판단하는 힘이 아이에게 필요합니다. 그것은 AI가 쉽게 대체할 수 없는 인간만의 역량이기 때문입니다.

이제 우리 집에는 MIT나 하버드의 박사들이 AI라는 이름으로 같이 생활하고 있습니다. 그들과 함께 작은 프로젝트를 시작해보세요. 그리고 아이에게 물어보세요. "무엇이 궁금하니?", "무엇을 함께 만들어볼까?"라고. 지금이야말로 가족 모두가 함께 배우고 성장할 수 있는 최고의 시대입니다.

에필로그

'결정'이 미래를 엽니다

건강이 가장 중요하다고 말하면서도 정작 매일 운동을 '업무'로 삼는 이는 드뭅니다. 피터 드러커는 그 드문 한 사람이었습니다. 그는 건강을 달력에 적어 두고, 회의처럼 시간을 배정했습니다. 중요한 것을 아는 것과 중요한 것을 실행하는 것은 다르다는 사실을 몸소 보여주었습니다. 부모 교육 역시 마찬가지입니다. 우리는 자녀가 AI 시대를 살아갈 핵심 역량이 무엇인지 알고 있습니다. 이제 남은 단계는 그 지식을 판단과 행동으로 전환하는 일입니다.

오늘날 정보의 바다는 끝을 알 수 없을 만큼 깊고 넓습니다. 전문가의 조언, SNS 피드, 생성형 AI의 즉답까지 답변은 넘쳐납니다. 하지만 정보가 많아질수록 결정을 미루는 유혹도 커집니다. "조금만 더 찾아보고…", "다음에 시작하지 뭐…." 그런 망설임 사이에서 시간은 속절없이 흘러갑니다. 결국 아이는 방향을 잃고, 부모는 의사결정의 무게에 지칩니다. 결정하지 않는 것 역시 하나의 결정임을 깨닫는 순간, 우리는 다음 단계로 옮겨갈 준비가 됩니다.

이 책이 강조한 원리는 단순합니다. 통제보다 탐험, 지식보다 질문, 질문 뒤에는 반드시 결정과 실행이 따라야 합니다. 질문이 지도를 그리고 결정이 항로를 정한다면, 실행은 돛을 올려 배를 움직이는 실제 힘입니다. 실패는 항해일지에 남아 다음 항로를 밝히는 등대가 됩니다. 아이에게 이러한 순환을 몸으로 익히게 하려면, 부모가 먼저 '중요한 한 가지'를 선택해 작은 실험을 시작해야 합니다.

방법은 거창할 필요가 없습니다. 가족회의에서 AI 사용 규칙을 함께 정하고, 주간 목표 한 가지를 정해보는 일부터 시작해 보십시오. 실행 과정을 화이트보드에 기록하고, 일주일 후 다시 모여 성공과 실패를 함께 검토합니다. 이때 부모는 평가자가 아니라 동행 코치가 되어야 합니다. 아이에게 "왜 이렇게 결정했니?"라고 묻고, "다음엔 무엇을 바꿔볼까?"를 함께 고민합니다. 그렇게 가정은 작은 실험실로, 실패는 자연스러운 학습 자원으로 바뀝니다.

아직 아무도 미래를 완벽하게 예측할 수 없습니다. 그렇기에 출발은 언제나 두렵고, 그래서 더욱 설레는 법입니다. 이 책이 여러분 가족에게 첫걸음을 내딛게 하는 작은 나침반이 되길 바랍니다. 오늘 내린 결정이 내일의 가능성을 열고, 그 가능성이 또 다른 질문을 부르는 선순환이 이어지길 소망합니다. 아이와 함께한 작은 '왜?'가 집 앞 골목을 넘어 넓은 바다로 이어지는 항해록이 되기를 바랍니다.